# アメリカの罠

## トランプ2.0の衝撃

ユヴァル・ノア・ハラリ　ポール・クルーグマン
ジム・ロジャーズ　イアン・ブレマー　ジャック・アタリ
ジョン・ボルトン　ジェフリー・サックス
ポール・ダンス　大野和基［編］



文春新書

1465

# はじめに

「もしトラ」から、「ほぼトラ」を経て、「確トラ」に――。

裁判で大統領選挙への立候補資格を問われ、一時は出馬も危ぶまれていたドナルド・トランプ前米大統領。当初は「もしもトランプが大統領に返り咲いたら」と言われていましたが、六月二七日のジョー・バイデン米大統領とのテレビ討論会後は「ほぼトランプが大統領だろう」となり、七月一三日の暗殺未遂事件後には「確実にトランプが大統領になるだろう」と想定されるようになりました。

二〇二四年一一月五日の米大統領選挙でトランプ氏が勝利し、第二次トランプ政権「トランプ2・0」が誕生したらどうなるのか。

選挙戦でトランプ氏が政敵への「報復」をほのめかしていることなどから、権威主義が強まり、アメリカや世界は分断され、国際情勢はカオスに陥るだろうと予測する識者も少なくありません。

また、トランプ氏の行動は、予測不可能であると言われます。

本書では、そんなトランプ氏のもとで働いた経験があり、思考や行動をよく知る人物をはじめ、世界を代表する知性と言うべき八人にインタビューしました。テーマは、日米同盟やNATO（北大西洋条約機構）など安全保障体制やロシア・ウクライナ戦争、米中関係、ドル高円安、「ディープ・ステート」と公務員制度改革、そして人類の未来など多岐にわたります。

不確実性が増していく世界で、私たちや日本はどう生き抜いていけばよいのか。

これからの未来を考えるために、八人の慧眼の士による分析や予測を堪能していただきたいと考えています。

文春新書編集部

『アメリカの罠　トランプ2・0の衝撃』◎目次

はじめに　3

第1章　アメリカの敵はアメリカ　イアン・ブレマー　11

だから言わんこっちゃない／負けた側は結果を受け入れない／日本にもっと圧力をかける／アメリカはNATOから離脱するか／トランプ再選でもウクライナ支援は続く／緊張関係が生じたのはトランプ政権下／ガザでの戦争に弱腰なバイデン／対中関係のリスクとチャンス／共和党も民主党もポピュリズムに／官僚機構を改革できるか／南北戦争以来の憲法上の危機／有罪判決が再選への追い風に／金正恩に擦り寄るプーチン／ロシアと北朝鮮の同盟が中国を追い込む

第2章　「闇の政府」を一掃して、政府を民主的にする　ポール・ダンス　37

前回のような失敗は繰り返さない／「ディープ・ステート」は存在する／国を動かしているのは、大統領ではなく「行政国家」／大統領が指名できる職員は五〇〇人に一人だけ／試験ではベストな適任者を選べない／「プロジェクト二〇二五」は改革運動／保守派の人事データベースを構築／ヘリテージ財団は政府への入場ゲート

だ／「独裁主義につながる」という批判は的外れ／最も不名誉な時期／アメリカ国民のために重要な仕事を

第3章　一九世紀には戻れない　ポール・クルーグマン　61
ノーマルな大統領選挙ではない／FRBの独立性を剥奪する？／気候変動問題では見返りを要求／身内から非難されるバイデン／一九世紀の政府には戻れない／トランプの勘違い／もっとも恐ろしいのは「報復」／不倫口止め裁判への違和感／アメリカの民主主義の終焉／富裕層がトランプを支持する理由

第4章　アメリカは金融危機になる　ジム・ロジャーズ　81
「ドル高は大惨事」発言は正しい／経済学を理解していないトランプ／一ドル＝三〇〇円台になってもおかしくない／アメリカは二年以内に景気後退／ヨーロッパを見ならうべし／私の投資哲学／保護主義で貿易戦争に勝った国はない／「歴史は韻を踏む」／投資家が嫌うバイデンの政策／戦争ほど厄介なものはない

第5章　トランプは独裁者のカモになる　ジョン・ボルトン　101
日米同盟は予期せぬ事態に／世界情勢は根本的に変わってしまった／アジアだけに重点を置くのは間違い／「アメリカは守らない」発言の真意とは／NATO離脱はあり得る／世界を戦慄させる選択／失敗したら「誰かのせい」／「格好だけのカウボーイ」／トランプは戦争嫌い？／プーチン、習近平、金正恩のトランプ観／国際関係は人間関係で決まらない／アメリカの司法が危ない／独裁者になれるのか

第6章　日本は台湾での戦争に備えよ　ジャック・アタリ　127
第三次世界大戦の引き金／日米同盟はどうなるか／ヨーロッパは安全保障の危機に／ヨーロッパの防衛費でアメリカがプラスに／民主主義国にとって大惨事／アメリカはヨーロッパから撤退する／フランスはアメリカと戦争をしたことがない／日本は核兵器を持つ／トランプは北朝鮮を助ける／フランスにつけこもうとする中国／孤立主義で保護貿易に／クーデターが起きてもおかしくない／中国の野心

第7章　「アメリカ主導の世界」は完全に時代遅れだ　ジェフリー・サックス　149

バイデンが核戦争のリスクを高めた／トランプ外交は気まぐれで予測不可能／政治も外交も「取引主義」／世界は外交を必要としている／パレスチナに平和は訪れるのか／アメリカが中国を脅威にした／どちらが勝ってもアメリカは危機に／トランプ化したバイデン／日本よ、アメリカの罠にはまるな

## 第8章 「世界秩序」が終焉する ユヴァル・ノア・ハラリ 165

警告に聞く耳を持たなかったネタニヤフ／最悪のナショナリズムとは／第三次世界大戦の始まりか？／トランプ支持のMAGAは革命派の発想／人類絶滅は時間の問題／なぜ第三次世界大戦が起きなかったのか／「ジャングル」は近くにあった／弱肉強食の世界に／戦争も平和も人類が選択できる／三つの物語が二〇世紀を動かした／歴史のエンジンは予測不可能で不合理／ＡＩの発達と専制国家

## おわりに 186

第1章

# アメリカの敵はアメリカ

## イアン・ブレマー

**Ian Bremmer**
国際政治学者。1969年生まれ。コロンビア大学、ローレンス・リバモア国立研究所などを経て、ニューヨーク大学で教鞭をとる。1998年、調査コンサルティング会社「ユーラシア・グループ」をニューヨークに設立。毎年発表される「世界の10大リスク」でも定評がある。

調査コンサルティング会社「ユーラシア・グループ」は国際政治や世界経済に深刻な影響を及ぼす地政学的なリスクを予測し、毎年初めに「世界の一〇大リスク」と題して発表している。

二〇二四年のリスクの第一位は「アメリカの敵はアメリカ」。アメリカ国内で政治的な分断がさらに深まり、国際社会におけるアメリカの信頼性が損なわれ、世界が不安定化するリスクがあるという。

ユーラシア・グループの代表を務める国際政治学者のイアン・ブレマー氏は、世界をリードする有力な国家が不在となった現代を「Gゼロ」という概念で解き明かし、国際社会を不安定にするリスクだと喝破した。著書『「Gゼロ」後の世界　主導国なき時代の勝者はだれか』（邦訳は日本経済新聞出版社）では、アメリカ主導の世界が終わった後、国際社会は米中のG2体制になるのか、それとも新たな冷戦を迎えるのかを仔細に分析して日本でも大きな反響を呼んだ。

そんなブレマー氏に、トランプ2・0の世界を徹底分析してもらった。

## だから言わんこっちゃない

アメリカのような強い国は、大統領選で最終的に誰が勝っても私たちが誇りに思えるような、称賛できるような人たちを起用して、もっと効果的な選挙戦を展開できるはずです。しかし、こう言うのは心苦しいですが、私たちはそのような国にほど遠いのです。

アメリカの軍事力と経済力は依然としてすこぶる強力ですが、政治システムの機能不全は先進的な民主主義国のなかでもっともひどく、今年はさらに悪化するでしょう。大統領選挙はアメリカの政治的分裂を悪化させ、過去一五〇年間に経験したことがないほど民主主義が脅かされ、国際社会における信頼性を損なうと私たちはみています。今回の大統領選では、世界でもっとも強力な国が、自由で公正な選挙や平和的な権力移譲、三権分立によるチェック・アンド・バランスなど、政治制度に対する重大な挑戦に直面しているのです。

　今年の六月二七日夜にアトランタで開かれた、ジョー・バイデン大統領とドナルド・トランプ前大統領によるテレビ討論会を見た直後の感想を言いましょう。バイデンがトランプと一緒にステージに上がるという戦略には、私は最初から懐疑的でした。"I told you so."（だから言わんこっちゃない）と言いたくはないのですが、バイデンは完膚なきまでに叩きのめされました。この討論会をテレビではなく、内容を文字で読んだだけなら、バイデンはもっとパンチを繰り出していたように感じられたでしょう。事実関係という点では、バイデンのほうがトランプよりマシでしたから。

　しかし、私たちはパフォーマンス全体を見ていたのです。

　トランプはおおむねルールに従ってプレーし、生き生きとしていました。

　一方のバイデンは支離滅裂のように見えました。

　ただ、私の考えでは、トランプは出馬すべきではありません。大統領にまったくふさわしくないからです。数十件もの重罪に問われていましたが、その多くは大統領在任中の行動に関連しています。しかも、もっとも重大なのは、前回の大統領選では自由で公正な選挙結果を覆そうとしたことです。

## 負けた側は結果を受け入れない

討論会の翌日である六月二八日付けの「ニューヨーク・タイムズ」には、「国に尽くすために、バイデン大統領は大統領選から去るべき（"To Serve His Country, President Biden Should Leave the Race"）」というタイトルの社説が掲載されました。そこにはこう書かれています。

「バイデンは四年前のバイデンではなかった」「バイデンは二期目に何を成し遂げるかを説明するのに苦労した」「バイデンは、自身の知能の鋭敏さに関する長年の国民の懸念に対処する必要があること、そしてそれをできるだけ早く行う必要があることを理解していた。バイデンが今直視すべき真実は、バイデン自身がそのテストに失敗したということだ」

まさにこの通りだと思います。討論会直後にバイデンがすぐにやるべきことは、この選挙戦を続けられないと認め、トランプに勝つことができる、もっと有能な代わりの候補を選ぶプロセスを作ることでした。

大統領選挙の勝敗はほんの一握りの激戦州の有権者によって決定されます。民主党にしろ共和党にしろ、負けた側はその結果を不当なものと考え、受け入れようとしないかもしれません。

トランプが勝ったら、民主党の指導者たちはトランプを刑務所に入れるべき存在で大統領にふさわしくないと考えたり、議員によっては（反乱者の公職禁止を定めている）憲法修正第一四条のもとで働く資格はないとして、トランプの当選認定に反対票を投じる者が出てきたりする可能性が高い。そうなったら、アメリカの選挙制度に対する信頼は損なわれます。また、二〇一六年の大統領選でトランプが次期大統領に選出されたときのように、いくつもの都市の街頭で大規模な抗議デモが起こるでしょう。

## 日本にもっと圧力をかける

トランプの確信的信念のひとつは、同盟国がアメリカの防衛費に便乗して、自国の防衛費を十分に支払っていないというものです。

日本は二〇二七年までにGDP（国内総生産）の二パーセントを防衛費に費やす予定であるにもかかわらず、トランプは日本にもっと支出するよう圧力をかけるでしょう。

また、自分の欲しいものを手に入れるために、関税を貿易相手国に対して脅しとして使いたがるのが、トランプです。彼の「さもなければ、ひどい目にあわせる」という言い方には、日本が輸出する自動車へ高い関税をかけるという脅しが含まれます。あるいは、日本に駐留する米軍のためにもっと金を拠出させようとして、関税の引き上げを脅しとして使うかもしれません。

日本はこうしたシナリオに備えるべきです。

## アメリカはNATOから離脱するか

防衛費という点では、トランプはNATO（北大西洋条約機構）にも同じように増額を要求するでしょう。

トランプはNATOの存在を否定しているわけではありません。NATO加盟国の防衛費の拠出が目標額に満たなければ「防衛しない。むしろロシアに好きなようにするよう伝えるだろう」と発言していますが、それは目標額を満たせばいいということです。

これはトランプの一期目もそうでした。大統領在任中に、NATOの加盟国の多くがアメリカに防衛を依存していると不満を示していたのです。トランプは二期目に入ったら、加盟国はアメリカを利用しているという見解を押し通し、欧州諸国がウクライナを支援するためにもっと努力するよう要求するでしょう。アメリカはNATOへのコミットメントから完全に手を引くことはなく、加盟国との関係をよりディール（取引）的な方法にすると思われます。

また、すでに欧州諸国が防衛費の支出を増やしていることを、自分の手柄にするでしょう。そういうことが欧州の各国政府を戦々恐々とさせているのです。というのも、アメリカが欧州において安全保障の中心的存在ではなくなり、明確なリーダーもいない状況を考慮せざるを得なくなっている状況だからです。

トランプはアメリカをＮＡＴＯから離脱させるかもしれないという専門家もいます。

たとえアメリカが離脱したとしても、グローバルな危機を引き起こすことはないでしょうが、ヨーロッパにとって大きな問題となることは明らかです。

欧州諸国が安全保障上の重要な問題、とりわけロシアからの脅威にどう対抗するかという問題に関して異なる見解を持つようになり、統合どころか分断化を招く可能性があります。

ヨーロッパ以外のアメリカの同盟国にとっては、アメリカの安全保障の重点がそれぞれの地域に移ることを意味し、有益でさえあるかもしれません。

しかし、ＮＡＴＯから突然離脱した場合は、アメリカの他の同盟へのコミットメントの神聖さに重大な疑念を抱かせることは必至です。

## トランプ再選でもウクライナ支援は続く

トランプは、自分が大統領になれば二四時間以内にウクライナ戦争を終わらせると豪語しています。さらに、戦争を止める方法を自分が知っており、バイデンが戦争を制御不能にさせたと主張しています。

戦争を止めるためには、アメリカの軍事支援と経済制裁をテコに、ウクライナのゼレンスキー大統領とロシアのプーチン大統領に対して戦闘の一時停止を受け入れさせ、交渉のテーブルにつかせる必要があります。これはロシアにとっては、はるかに受け入れやすいことです。

一方のウクライナは、武器や資金援助をNATOやEU（欧州連合）諸国に大きく依存しており、こうした援助がすべてストップすれば、たちまち手に負えない状況に陥ると思われています。しかし、おそらく事態はその方向には向かわないでしょう。

NATO、EU、そしてG7は、一一月のアメリカ大統領選でどちらが勝っても、ウクライナに資金が提供されるよう取り組んできました。これにはEUの金融・軍事支援資金や、凍結された（現在は事実上差し押さえられた）ロシア資産の利子を利用してウクライナに最大五〇〇億ドルを送るというG7の計画も含まれます。ウクライナが欧米から受ける援助が徐々に減っていくことは変わらないでしょうが、今年取られた措置が、突然トランプによって打ち切られることはあり得ません。

### 緊張関係が生じたのはトランプ政権下

トランプが大統領であれば、そもそもロシアはウクライナに軍事侵攻していなかったという専門家は多いです。

しかし、トランプが、ロシアとウクライナの間、あるいはウクライナ侵攻に向けたロシアとNATOの間で拡大する問題を封じ込めるために、アメリカの力を行使できただろうとは到底言えません。

このような緊張関係の多くは、すでにトランプが大統領であった間に生じていたからです。アメリカは、ウクライナや欧州におけるロシアの行動に対して幅広い制裁を加え、トランプは大統領在任中に対戦車兵器をウクライナに送っています。前任のバラク・オバマ大統領ならそういう兵器をウクライナには送らなかったでしょう。

確かにトランプの方がバイデンより予測不可能であり、それゆえにプーチンの突然の侵攻を抑制できたかもしれません。その一方で、トランプが大統領としてウクライナに対して否定的な態度をとっていたら、アメリカの軍事援助や資金が減り、ウクライナにとって戦争がより不利な結果となり、NATO加盟国などアメリカの同盟国との緊張が高まったことは確かでしょう。

## ガザでの戦争に弱腰なバイデン

私が代表を務めるユーラシア・グループは、「二〇二四年世界の一〇大リスク」の二番目に「瀬戸際に立つ中東」を挙げました。どの国も拡大を望んではいませんが、戦争がパレスチナ・ガザ地区以外の地域や国にも拡大する可能性はあります。

トランプがガザ地区での戦争にどう臨むかは、大統領選挙までに戦争がどの段階まで進んでいるか、またはアメリカ国内のムードや国際的な感情にも左右されるでしょう。イスラエルの国内政治の状況も影響すると思われます。

ただ、トランプは中東での情勢安定化に一役買うかもしれません。一期目の二〇二〇年には「アブラハム合意」でアラブ首長国連邦（ＵＡＥ）やバーレーンなど周辺のアラブ諸国がイスラエルとの国交を正常化しました。

彼には打算的な性格とアラブ諸国のリーダーと培った強い関係があります。

トランプは第一次政権や公的な発言をみると、イスラエル政府寄りのスタンスですが、戦争が続く中でイスラエルが国際世論の支持を失うことへの懸念も表明しています。さらに、湾岸諸国との連携が予想されることから、イスラエルに対するアメリカの軍事的支援は強力なままでしょう。しかし、トランプのアプローチはバイデン政権より突破口を開き、新しい譲歩を引き出せる可能性が高いと言えます。

今の状況ではネタニヤフ首相が、一一月のアメリカの大統領選より前に打倒される可能性は半分以下です。パレスチナ人の飢饉、イスラエルによるガザ支援者への攻撃、そしてアメリカ議会のボイコットという見通しを前に、バイデンは戦争に弱腰に見えます。

イスラエルとハマスの停戦協議は概して決裂しています。

バイデンはもう少しで和平協定が成立するという楽観論でしたが、おそらく実現しないだろうという認識に変わりました。戦争が始まって九カ月経ったいま、バイデン政権は、人質の中に残っている五人のアメリカ市民の自由を確保するために、ハマス自身と話し合う可能性があると持ちかけています。

## 対中関係のリスクとチャンス

第二次トランプ政権が誕生すれば、米中関係はどうなるか。打開する可能性も、決裂する可能性もあります。

いずれにせよ対中関係にもたらすリスクとチャンスは、バイデン政権よりも大きくなります。

通商政策では、第一次政権でもっとも有能なメンバーのひとりで、中国に関する見解が一致していたロバート・ライトハイザー前米通商代表部(USTR)代表を再び政権に迎えるでしょう。トランプ2・0で彼が強力な役割に復帰することを考えると、米中貿易は対立する可能性が高い。

トランプのお気に入りの政策手段は、法外な関税を要求することです。中国との交渉の席で優位に立つために、交渉のツールとして使うことをためらわないでしょう。

その一方で、トランプ政権は、アメリカが中国に最大限の圧力をかけるために、志を同じくする国との貿易協定を維持することが難しくなるでしょう。

しかし、トランプは関税以外の中国問題にはほとんど無関心であることを念頭においておくことは重要です。

トランプ自身は取引主義的で、中国と特定の問題で駆け引きや取引をすることに前向きでしょうが、彼のチームには緊張をエスカレートさせようと圧力をかけるタカ派が何人か含まれる可能性が高い。トランプが国防や移民問題などに注力することで、中国政策にどのような波及効果があるのかは、人事次第となるでしょう。

## 共和党も民主党もポピュリズムに

トランプは貿易不均衡を嫌い、自らを「Tariff Man（課税男）」と呼んできました。そしてバイデンも中国製ＥＶ（電気自動車）などへの関税を引き上げることを発表しました。

これはバイデンがトランプに近づいたというより、ワシントン全体の保護主義へのシフトを示すものです。民主党と共和党の両党は、過去一〇年間、ポピュリスト的な政策アプローチにシフトしてきました。

また、中国をよく言えば競争相手、悪く言えば存亡にかかわる脅威として扱うという超党派のコンセンサスがあります。バイデン政権は、トランプ政権時の関税の大半を維持したように、おもに中国をターゲットとした輸出規制などを他にも追加しました。バイデンは中国製ＥＶに対する貿易障壁を強化することで、みずからの政治基盤の重要な一部であるとみなしている自動車工場労働者を取り込もうとしていたのです。つまり、民主党政権が続いても、依然として保護主義と国内製造業への投資へ傾くということです。

一方、トランプが再び大統領となったら、保護主義をさらに強め、貿易相手国に新たな関税を課すでしょう。

## 官僚機構を改革できるか

トランプは政敵に「報復する」と何度も示唆しています。司法省やＩＲＳ（米国税庁）、そのほかの捜査機関に圧力をかけて、自分の敵対者を標的とするでしょう。彼の意図は、彼らを罰して公に恥をかかせることにあるようです。この報復主義的マッカーシズムがどこまで突き進むかはとても大きな問題です。左派から右派まで全体の行動を左右することになりますから。

これは大統領選挙を前にした抑止力として意図されたものでしょう。

トランプがこうした脅しを実行に移せるかどうかは、これらの機関をいかにうまく政治化できるか、つまり現在の連邦政府の官僚機構を取り除けるかどうかにかかっています。

官僚機構の積極的な改革、いわゆる「スケジュールＦ」改革の計画は、これらの変更の一部を可能にするでしょう。

## 南北戦争以来の憲法上の危機

トランプ2・0は権威主義に傾く可能性があると言う人もいます。いわゆる「ディープ・ステート（闇の政府）」と呼ばれている官僚機構、そしてFBIやCIAなどの機関も閉鎖するのではないかと懸念する人までいます。

これらの機関の運営を政治化する手段を講じるでしょうが、閉鎖することまではできないでしょう。

トランプが大統領に就任したら、連邦政府各機関のリーダーを指名する際、共和党が主導する上院から反発を受けることはほとんどないと思われます。

トランプに忠実な人物が率いれば、CIAのような組織はトランプの意向に進んで従うはずです。これは依然として大きなリスクで、その組織の運営方法や利用方法に大きな変化をもたらすことになるでしょう。

たとえば、トランプは政敵を標的にするべく、司法省を利用（悪用）すると約束しています。裁判所やキャリア職員によって制限を受けるでしょうが、ホワイトハウスや司法省の規範を破ることを厭《いと》わない忠実な人物が司法長官に就任したら、まさに司法が悪用されることにつながります。

そうして「ディープ・ステート」を一掃したトランプは、法の支配を破ることへの制約が少なくなります。

もし第二次トランプ政権が無法な行動をとった場合、連邦レベルではそれを抑制する救済策はほとんどないでしょう。議会が分裂したり、両院を共和党が支配した場合は、トランプの行き過ぎた行動をチェックすることはできません。判事の三分の一がトランプによって任命された最高裁は、独立性を保ったとしても、大統領に対して判決を執行する権限は限られています。

南北戦争の終結以来、アメリカが経験したことのないような憲法上の危険が発生する可能性があるのです。

ただし、重要なことは、トランプか民主党の候補者かどちらが勝っても、連邦政府に対する国民の信頼は低下するということです。

トランプが勝てば、左派は彼が行ういかなる変更も公然と非難するでしょう。

一方、民主党が勝てば、右派はシステムがトランプに不利に操作されている証拠として、トランプの現在の法的なトラブルに焦点を当てるはずです。

## 有罪判決が再選への追い風に

トランプが不倫口止め料を不正に処理したとして罪に問われていた刑事裁判で、陪審員団が有罪の評決を示しました。

すると、この判決が資金集めの大きな後押しとなったのです。評決が出てから二四時間で五三〇〇万ドル（約八二億円）も集まりました。

トランプはここ数カ月、資金調達で遅れをとっていましたが、今回の急増で民主党陣営に追いつけました。再選への追い風となるでしょう。

## 金正恩に擦り寄るプーチン

ユーラシア・グループは「二〇二四年世界の一〇大リスク」の五番目に「ならず者国家の枢軸《すうじく》」を挙げています。

ロシア、北朝鮮、イランという世界でもっとも強力なならず者国家三カ国は、ロシアが二〇二二年二月にウクライナに侵攻して以来、協力関係を強化してきました。彼らはアメリカに対する憎悪があり、自らの犠牲の上に西側が利益を得ていると考え、世界の現状を破壊するために結束しています。

プーチンは二〇年以上ぶりに北朝鮮を訪問し、金正恩総書記と会談して、両首脳が「包括的戦略パートナーシップ条約」に調印しました。金正恩はこの関係を「軍事同盟」と呼んでいます。

今までのロシアと北朝鮮の会合のなかで、もっとも友好的で、もっとも手の込んだ会合でした。プーチン自ら平壌に行き、その誓約をすることは一大事と言ってもいい出来事です。北朝鮮からロシアへの追加兵器とロシアから北朝鮮へのテクノロジーの提供が、この協定に付随してくるということですから、両国の関係はますます強くなります。

我々からみると、ロシアの体制には弱点があります。ロシアは（同じならず者国家であるイラン以外に）直接軍事支援する準備ができている国が他にないため、北朝鮮に擦り寄る必要があったという点です。

かつてのロシアは、北朝鮮を、よく言えば厄介者、悪く言えばお荷物として見ていました。しかし、北朝鮮にはソ連規格の砲弾の大量な在庫があったので、ウクライナ戦争で不可欠な供給源となりました。そして、二〇二三年に金正恩はプーチンとロシアで会談し、ロシアからの食料やエネルギー、人工衛星の開発と配備といった技術支援と引き換えに、北朝鮮から砲弾やロケット、弾道ミサイルをロシアへ送る取引を行ったのです。

## ロシアと北朝鮮の同盟が中国を追い込む

中国は、「ならず者国家の枢軸」のメンバーではありません。中国は、ロシアのウクライナ侵攻を公然と非難することも支持することもなく、石油を割引価格で購入したり、軍民両用製品の流通を継続させる以上には、ロシアを支援しませんでした。中国はロシアと北朝鮮の安全保障の深化を警戒しながら見守ってきました。中国当局は二〇二三年九月に金正恩がロシアに行くことを公表されるまで知らされず、憤慨したほどです。

このロシアと北朝鮮間の新生同盟はまた、中国を窮地に追い込みます。北朝鮮がさらにロシアと友好的になることは、北京が望むことではないからです。世界でもっとも孤立したならず者国家である北朝鮮が、世界的な舞台でリスクを冒しても以前より守られることになる。ミサイル発射実験や演習、サイバー攻撃、スパイ活動などをもっとエスカレートさせても、ロシアに守られるのです。

もちろん、韓国はこの北朝鮮とロシアの関係に不快感を覚えています。この首脳会談を受け、韓国はウクライナへの直接的な武器供与を再検討すると発表しました。それを受けてプーチンは韓国を恫喝し、「ウクライナに武器を提供するな、提供したらそれなりの対応をする」と警告しました。

一方、アメリカは、韓国と日本の両国とより緊密に軍事的に連携し、目に見える支援や演習の実施を進めています。これは中国との関係にも若干の緊張を与えています。

これで、一一月のアメリカ大統領選に向けて、北朝鮮が「サプライズ」を起こすと予想される理由が増えました。北朝鮮は、トランプ勝利によってもっとも利益を得ると考えられる政府のひとつだからです。

プーチンも金正恩同様、トランプに返り咲いてほしいと思っています。その方が、交渉できるからです。

私が懸念しているのは、トランプ自身は交渉で上の立場に立っているつもりが、実は相手に操られることです。

第2章

# 「闇の政府」を一掃して、政府を民主的にする

## ポール・ダンス

**Paul Dans**
ヘリテージ財団で2025年の大統領移行プロジェクトを指揮。次期大統領政権の任命者に対する政策や、人事に関する勧告と研修を行っている。バージニア大学ロースクールを卒業、マサチューセッツ工科大学で経済学の学士号と都市計画の修士号を取得。1997年から2012年までニューヨークのいくつかの大手国際法律事務所で勤務し、自身の法律事務所を設立。トランプ政権下で米国人事管理庁の首席補佐官を務め、2021年から国家首都計画委員会の委員長に。

ドナルド・トランプが大統領に返り咲いたときに備え、政権移行をスムーズに行うための構想が「プロジェクト二〇二五」だ。ロナルド・レーガン大統領以来、共和党政権の政策を支えてきた、保守系シンクタンクの老舗「ヘリテージ財団」のなかに立ちあげられたこのプロジェクトの総責任者が、ポール・ダンス氏である。

トランプは再選されたら、大統領としての任期が終わる直前の二〇二〇年一〇月に出した大統領令「スケジュールF」を復活させると宣言している。この大統領令は、連邦政府職員に対して、雇用継続を保証しない「F」という区分を新たに設けて、職員を解雇しやすくするという内容だ。

公務員制度改革を重要な公約として掲げているトランプは、アメリカ政府をどのように変えようとしているのか——。

前回のトランプ政権で人事管理庁(OPM:Office of Personnel Management)のトップを務めたダンス氏が解説する。

## 前回のような失敗は繰り返さない

私はもともとトランプ政権時代、ホワイトハウスの人事管理庁（ＯＰＭ）の所長（ディレクター）から始まって、最終的にＯＰＭの首席補佐官になりました。首席補佐官は、実質的に大統領に次ぐナンバー2と言われることもあります。ＯＰＭでは二〇〇万人以上の連邦政府の職員の人材を統括していましたが、そのなかでも私の主なミッションは、大統領スタッフの一部である大統領上級人事局（Office of Presidential Personnel）の四〇〇〇人ほどの人事を決めることでした。

前回のトランプ政権では「プロジェクト二〇二五」に該当するような政権移行のためのプロジェクトはありませんでした。

つまり政権移行の準備ができていなかったということです。

「ドナルド・トランプはふさわしくない人たちに囲まれていた（Donald Trump was surrounded by the wrong people.）」とよく言われました。

今回も保守派の思想に合わない人がたくさん入ってきたら、前回と同じような失敗を繰り返すことになります。どれほど素晴らしいアイデアや政策でも、直接かかわる人が実行して初めて現実になるのです。もし直接関わる人が保守派の思想に合わない人であれば、その素晴らしいアイデアや政策は実現しません。政権が始まってから動き始めたら遅すぎるのです。

今度トランプが返り咲いたら前回のようなことが起こらないために、より一貫して保守的な思想を持つ人々が政権に入るようにする。

それが「プロジェクト二〇二五」の狙いです。大統領就任一日目から起動できるように準備をするための新しいパラダイム（枠組み）です。

## 「ディープ・ステート」は存在する

トランプは「ディープ・ステート（闇の政府）」を解体することを公約にあげています。「プロジェクト二〇二五」はその「闇の政府」を解体することが目標のひとつであると言われていますが、それは正しい。「闇の政府」はワシントンDCに存在する非民主的なパワーで、大統領のアジェンダ（計画）に反することも多々あります。

たとえば、トランプがかけられている裁判は、アメリカの歴史において前代未聞のことです。実際にその訴訟が司法省によって起こされていることは異常です。政権を握っている与党である民主党が、自分たちに与えられている権力の道具（instruments of power）を使って、政敵を狙い撃ちしようとしているのは異常です。

間違いなく「闇の政府」は存在します。

我々はその「闇の政府」を一掃し、政府を透明にして、民主的にしたいと心底思っています。

「闇の政府」はお金持ちで権力のある利益団体によって、政府内に入れられた高官から始まっています。そういう人は大統領を通して国民を導く実際の方向よりも、その団体に利益をもたらすために仕事をします。議員などとして議会の内側に入る人もいれば、議会の外側にある利益団体にいる場合もあれば、メディアや学界にもいます。

彼らは集まって、政治機構の外側でこれからやることを決め、メディアなどそれぞれの人が持っている力を利用して、具現化します。

また政治機構が自分たちの願望通りにならない場合、トランプ政権のときにトランプがやられたように、政敵を狙い撃ちしてできるだけ妨害します。

彼らは自分たちが与えられている権力を使って、水面下で操作するのです。

## 国を動かしているのは、大統領ではなく「行政国家」

我々保守派はアメリカのマジョリティ（多数派）ですが、連邦政府のマジョリティは保守派ではありません。

アメリカの民主主義の概念は、昔からずっと「人民の人民による人民のための政治（Government of the people, by the people, for the people）」です。これは、南北戦争の最中だった一八六三年一一月、リンカーン大統領が行った「ゲティスバーグ演説」の有名なセリフです。

そして、合衆国憲法は、我々の政府を「三つの部門」に分けています。立法権を持つ「立法府」、行政特権を持つ「行政府」、司法制度を持つ「司法府」として、三権分立を採用しています。

このうち行政府については、合衆国憲法の第二条第一節に「国の行政権は大統領に与えられるものとする（"The executive Power shall be vested in a President of the United States of America."）」と書かれています。これは、国民は権限を大統領にあずけ、大統領はその権限を誠実に遂行しなければならないということです。

つまり、行政のすべての権限は大統領に帰属しています。

ところが、実際には、我々が「行政国家（administrative state）」と呼んでいる「第四の府」によって侵害されています。その第四の府は、メディアや、国の方向を本質的に牛耳ろうとしているビッグビジネスなど外部の利益のネットワークから成り立っています。

すなわち、保守派の大統領が選出されても、国を動かすメカニズムは必ずしも大統領の掌中に入っていないわけです。

## 大統領が指名できる職員は五〇〇人に一人だけ

連邦政府は日本のように公務員によって運営されています。具体的な数字で言うと、連邦政府には二二〇万人の職員がいますが、大統領は通常四〇〇〇人を任命します。これは五〇〇人の職員に対して一人という割合になりますが、まったく馬鹿げた数字です。

一四〇年前は大統領がすべての政府職員を任命していました。

しかし、建国以来、公務員の任命を党派的な情実によって決定する政治慣習「スポイルズ・システム（猟官制度）」がはびこっていました。この政治慣習の下では適任者が公務員に就任するとは限らず、種々の弊害があったのです。

そこで、無能な人が公務員になるのを避けるために、一八八三年、公務員を資格試験の成績で任用する（資格任用制）というペンデルトン法が制定され、これが現行の国家公務員法の原型になっています。

当初は資格任用された公務員の数は全体の一〇パーセントでしたが、一四〇年後のいまは九九・七パーセントの職員が資格任用されているのです。

## 試験ではベストな適任者を選べない

トランプは選挙公約のサイトにこう掲載しています。
「私の計画ではディープ・ステートを解体し、腐敗したワシントンに民主主義を取り戻す。まず、二〇二〇年の大統領令を再び発令し、質の悪い官僚たちを排除するための大統領権限を取り戻す」――。

この大統領令が通称「スケジュールF」と呼ばれているもので、トランプが大統領一期目の末の二〇二〇年一〇月に導入し、二期目の重要な公約として掲げている公務員制度改革です。

資格任用職のうち、大統領が指名する政治任用者に対して助言を行ったり、政策に影響を与えたりするポストを、新しい政治任用に切り替える仕組みのことです。これまでの資格任用の公務員には雇用保障が与えられていますが、スケジュールＦに切り替えられたポストは、雇用保障が失われます。

アメリカの政府職員は、大きく分けると次の三種類に分類されます。

（一）上院で承認を必要とする政府高官
（二）上院の承認は不要とし、ホワイトハウスも含め行政府で勤務する政治任用の高官
（三）一般の政府職員

スケジュールＦに切り替えられるのが（二）に分類される職員で、これを大幅に拡大します。

このスケジュールＦの草案を作ったのは私であると報道されていますが、それは間違いです。ジェームス・シャークが草案をかなり前に作っていました。彼は私が今いるヘリテージ財団にいましたが、今はアメリカファースト政策研究所（ＡＦＰＩ：

America First Policy Institute）に属しています。

スケジュールFを実際に実行するには、強い政治的な意志が必要です。私がOPMに入るまでは、トランプ政権でかなりの機能不全が起きていました。スケジュールFを実行するにはあまりにも障害があったので、私はその障害を取り除き、スケジュールFを機能するようにしたのです。

トランプが大統領に再び就任したら、このスケジュールFをもっと大規模に実行します。

一期目の政権では、共和党主流派の政策研究者や実務家にトランプと距離を置く人が多く、適任者の確保に苦労しました。その反省も踏まえて「プロジェクト二〇二五」を立ち上げたのです。日本では官僚の採用は試験によって行われるようですが、試験ではベストな適任者を選ぶことはできません。

一見スケジュールFは独裁主義に傾くと思われがちですが、それは違います。

選挙によって選ばれた大統領が国民のためのアジェンダを実行しようとすることを妨害する人は、排除されなければなりません。公務員が大統領のアジェンダを妨げることは、民主的ではありません。

だからスケジュールFで任命された人は随意雇用（at-will employment）で、解雇および辞職は即時に行うことができます。

## 「プロジェクト二〇二五」は改革運動

我々保守派は神、国家、家族を重視しています。

しかし、現在の政府は、左派に取り憑かれているので、言わば我々はその左派に追いつこうとしている状態です。

投票パターンをみると、連邦政府の九五パーセントはリベラルです。ワシントンDCでは、九三パーセントが民主党支持です。連邦政府内職員の寄付をみると九五パーセントが民主党に寄付しています。

つまり連邦政府は大きく左派に傾いています。

国民がトランプのような共和党の候補に投票しても、我々が官僚を適切に管理しなければ、政策が必ずしもより保守的になるとは限らないのです。

連邦政府はこの一〇〇年間にわたって、進歩的な骨組みによって支配されてきた。我々はそう認識しています。

この「プロジェクト二〇二五」はプロジェクトというよりも、「ムーヴメント」と言ったほうが正しいと考えています。

公務員制度の政治的管理であり、アメリカの政府運営を再形成して本来の憲法上の構造に戻すための、根本的な改革運動なのです。

## 保守派の人事データベースを構築

「プロジェクト二〇二五」には、四つの柱があります。
(一) 政策アジェンダ
(二) 人事データベース

（三）研修

（四）大統領当選から一八〇日間のプレイブック

ヘリテージ財団は、一九八〇年代のロナルド・レーガン大統領の時代に人事や政策面で全面的に支援したことで、その存在が広く知られるようになりました。

そのときに出した政策分析『リーダーとしての使命（Mandate for Leadership）』はレーガン革命のバイブルになりました。

これをもとにしてヘリテージ財団の外部の四〇〇人を使って、省庁ごとに政策のどこで狂いが生じたのかを検証し、我々がバージョンアップして、政策アジェンダを作りました。これはトランプのアジェンダではありません。あくまでも保守派の人たちの求めることが書かれたもので、必ずしもすべての点で保守派の人が同意しているわけではありません。

それが柱（一）の政策アジェンダです。二〇二三年四月に出版されましたが、我々は共和党の候補者になった人にはすべて差し上げています。

そして二つめの柱は、人事データベースです。我々は保守派版のLinkedIn（リンクトイン。ビジネスにおける人脈構築を目的として開発されたSNS）と呼んでいます。トランプが大統領に復帰したら政権に入る可能性がある、一万人以上のプロフィールが登録されています。正式にトランプ政権が始まったらすぐに、公式の移行チームに対して我々がそれぞれのポストにふさわしい人物を推薦します。一期目のトランプ政権ではかなりの数の不適任者が政権に入ってきましたが、今度はそれが起きないようにするためです。

「プロジェクト二〇二五」は現在一〇〇を超える保守派の団体が関係していますが、そういう団体から推薦が送られてきます。送られてきた推薦を入念に吟味するのが、我々の役目です。

これまでもヘリテージ財団はいろいろな政権を助けてきましたが、今回はすべての推薦が一つのところに集まり、言わばclearinghouse（情報センター）になっています。たとえば、それぞれの団体は、この人を国防総省の次官補に推薦する、というふうに言ってきます。そういう情報を一か所に集めることで、政権移行のときに照会することができます。

## ヘリテージ財団は政府への入場ゲートだ

そして（三）の研修は、政府でいかに効果を上げるかを教えるものです。政府がどのように機能するか、security clearance（機密情報へのアクセス権限）の取得の仕方、強情な人の取り扱い方、信用と尊敬を得る方法など、現場では学ぶことができないようなことを教えます。これらは、政権がスタートした一日目から習得していないといけないことです。

まずオンラインで三〇のコースがあり、それぞれ一時間の講義で、政府高官の経験者が教えます。そしてこの夏には直接面接して、たとえば研修を受けた人に対して「政府の法務部で仕事をするポテンシャルがある」というふうに伝えます。こういう研修は今まで行われたことがありません。

四つめの柱である「大統領当選から一八〇日間のプレイブック」は、やるべきプランのことです。これには一〇〇〇人以上が関わっていますが、何をどの順にすべきかが書かれています。

上院の承認を必要としない政府高官には四〇〇〇のポストがあります。そこに就く人は、大統領のアジェンダに賛同している人でなければなりません。

賛同していないとアジェンダをスムーズに実行できないからです。アジェンダに賛同している人を英語で aligned people（同調した人々）と言いますが、同調しているかどうかは（二）の人事データベースで認識されています。

我々は政府で仕事をしたいと思う人の「入場ゲート」のようなものです。

応募者は、まずこの『リーダーとしての使命』を読み、自分のプロフィールを作成して、研修を受けて十分理解していると我々に判断されたらポストが提供されます。

## 「独裁主義につながる」という批判は的外れ

「プロジェクト二〇二五」をめぐって、保守陣営ではかなり盛り上がっています。

我々みんなは、トランプが返り咲いたら、すぐに実行に移せるように、建設的に準備をしています。

しかし、もちろん批判もあります。左派の人たちは、明らかに我々が一丸となって準備をしているのを見て、気力を奪われています。左派は我々が使っている『リーダーとしての使命』のようなバイブルを持っていません。彼らは、このバイブルはいかに中身が充実しているか、いかに能率がよいのかを、羨望のまなざしでみていると思います。

「プロジェクト二〇二五」に対する彼らの批判は、authoritarian roadmap（権威主義的なロードマップ）であるというものです。

もっとひどいのは、左派のシンクタンクである「アメリカの未来のための研究所」（IAF：Institute for America's Future）のロバート・ボロセージ所長からの痛烈な批判です。

「トランプが大統領に復帰したら、その新政権で任命される人は、アメリカの暗黒のQアノン的ビジョンが原動力になっている」

しかし、その一方で、ボロセージ所長は「プロジェクト二〇二五」の効果を認めており、「トランプの二期目は、一期目よりもはるかにきちんと組織化しているだろう」と言っています。

ほかにも「このプロジェクトは、スムーズな政権移行のためというよりも『The Radical Conservative Machination（ラディカルな保守派の謀略）である』」と批判する人もいますね。

もっとも多い批判は「このプロジェクトはトランプ主導の独裁主義につながる」というものですが、それは真実から最も離れています。

ご存知のように現在の大統領の権限は危機に瀕しています。政府の一パーセントのさらに一〇分の三しか権限を与えられていません。これだけの権限しか与えられていないので、独裁主義からはほど遠いのです。

トランプが大統領に再び就任したら、我々の努力が実際にどれだけ助けになるかわかります。ここでは最低限、「闇の政府」と「行政国家」についての議論を前面に押し出しました。

いま、国民は自分たちの生活をコントロールできていません。権力を振りかざす連邦政府に直面しているからです。新型コロナウイルスのワクチンの強制接種を受けさせられ、表現の自由を監視され、オンラインで個人情報を取られ、名ばかりの大規模なグリーン・アジェンダ（環境保護計画）の犠牲となり、バイデン政権ではインフレが高止まりになり、国民は家賃を払うか食料品を買うか選択をさせられています。

これを引き起こしている多くの要因は「闇の政府」です。状況を変えるための last best hope（最後にして最大の望み）は、大統領として適任者を選出することです。それが最終的にもっとも重要なことです。

## 最も不名誉な時期

バイデン大統領は〝弱い〟大統領と思われていますが、その弱さが危険なレベルに達しています。中国との敵対心、アメリカに依存している多くの国を麻痺させるようなエネルギー政策、イスラエルやウクライナでの戦争への関わり方をみても、バイデンが関わるすべてのことがbackfire（裏目に出る、しっぺ返しを食らう）しているように見えます。

多くの専門家が指摘しているように、トランプが大統領であったら、ウクライナ戦争は起きていません。こういう点からみても今はアメリカの歴史において、最も不名誉な、恥ずべき時期です。

## アメリカ国民のために重要な仕事を

トランプ自身は「プロジェクト二〇二五」について、ほとんど名前を挙げて言及していませんが、トランプが示している二期目の計画はこのプロジェクトの概要に沿ったものです。

私は直接トランプとはコンタクトしていませんが、彼のチームと連絡を取り合っています。

トランプが大統領に返り咲けば、私はまた政権内で仕事をしたいと考えていますが、それはトランプとそのチームの判断です。

政権一期目のときに在籍した人事管理庁には入りたいと思いません。また、ホワイトハウス内のポストではなく、外側にある省庁のポストがいい。

そこがまさにアメリカ国民のために重要な仕事をしているところだからです。

第3章

# 一九世紀には戻れない

## ポール・クルーグマン

Paul Krugman
経済学者。1953 年、アメリカ合衆国ニューヨーク州生まれ。イェール大学で経済学を学び、マサチューセッツ工科大学で博士号を取得。現在、ニューヨーク市立大学教授。2008 年にノーベル経済学賞を受賞。「ニューヨーク・タイムズ」のコラムニストとしても知られる。

ポール・クルーグマン氏は、世界で最も影響力を持つ経済学者の一人で、二〇〇八年にはノーベル経済学賞を受賞した。マサチューセッツ工科大学、スタンフォード大学、プリンストン大学で教鞭をとり、現在はニューヨーク市立大学大学院センターの教授で、「ニューヨーク・タイムズ」のコラムニストを務めている。

いまのアメリカ経済の状況をどう見ているのか。

トランプは関税を所得減税の財源にすると宣言したが、果たして可能なのか。

トランプが再び大統領の座に返り咲いたら、ＦＲＢ（連邦準備制度理事会）や中国にどのような態度で臨むのだろうか。

金融緩和やインフレターゲットを主張する「リフレ派」としても知られるクルーグマン氏に聞いた。

## ノーマルな大統領選挙ではない

この一一月に行われる米大統領選は、今までとはまったく異なる選挙です。今回は「民主主義」そのものが投票にかけられているという意味で、ノーマルな大統領選ではありません。

大統領選で重要な争点になるのは経済ですが、さまざまな指標を見ると、いまのアメリカ経済は絶好調です。他国と比べてもそれは間違いありません。世論調査でもほとんどの有権者は、個人的な経済状況や自分が住んでいる州の経済についてたずねられると、ポジティブな気持ちを持っています。

しかし、アメリカという国全体の経済について聞かれると、最悪であると答えるのです。このパラドックスをどう説明したらいいかはわかりませんが、アメリカ経済についての国民のネガティブな認識は明らかに民主党にとって深刻な問題です。

もしトランプが勝利を収めて、大統領職にもう一度就けば何が起きるでしょうか。

一期目と類似したものになるだろうとそれほど気にしていない人々も多いかもしれませんが、私はそうは思いません。

## FRBの独立性を剝奪する?

私が経済学者として非常に懸念しているのは、トランプはドル安を引き起こそうとするあまり、FRB（連邦準備制度理事会）の独立性を剝奪しようとするのではないかということです。

いまは落ち着いてきましたが、アメリカ国民はインフレで苦しんできました。インフレの要因は、新型コロナウイルス感染症による世界的なサプライチェーンの寸断や、労働力不足の拡大、ウクライナ戦争などでした。

特に二〇二一年、二〇二二年は物価が高騰しました。

そこでFRBは「量的引き締め」を実施して市場に出回る資金を減らすことで、インフレを抑制しようとしたのです。FRBは二〇二二年六月から、民間の金融機関に資金を貸し出す際の政策金利を〇・七五パーセントずつ引き上げ始めました。約三〇年ぶりとなる大幅な利上げで、破壊的なリセッション（景気後退）を引き起こす可能性がありましたが、いまのところリセッションは起きていません。

ＦＲＢの利上げで、他国との金利差が開いたことで、ドル買いが進み、ドルの価値は高まりました。その結果、投資家たちはより高いリターンを求めてアメリカに資金を移動させたため、ドル需要が高まったのです。

基本的に世界市場ではドルで決済がなされていますから、ドルが強くなるということは、最終的にはアメリカの輸出製品の競争力を弱める方向に働くでしょう。

そして結果的にアメリカの景気を冷え込ませることになりますが、まだその兆候は見られません。

みなさんも覚えていらっしゃるように、トランプは「ＦＲＢは金利をゼロ以下まで下げるべきだ」と二〇一九年に主張したことがありました。ＦＲＢが利上げを始めた頃に大統領であったら、トランプはＦＲＢに金利を上げないように干渉したでしょう。短期的な政治的アドバンテージのために金融政策を操作しようとするのは十分ありえるシナリオです。

トランプは次期大統領に選ばれたら、アメリカの輸出を促進するべく、ドルの切り下げが起きる方向に持っていこうとするでしょう。

ニュースにもなりましたが、トランプは今年四月、外国為替市場でおよそ三四年ぶりの円安ドル高水準となったことについて「アメリカにとって大惨事だ」とＳＮＳ上に投稿しました。その言い分は、アメリカ国内の製造業が打撃を受けるからということでした。

トランプのドル高嫌いは有名ですが、ドル安を引き起こそうという発想はかなりきわどい、単純な発想です。

すでにインフレによって価格が上がっている物の価格をさらに押し上げる可能性があるからです。

ＦＲＢの独立性まで剝奪したら、独裁政治とあまり変わりませんね。

## 気候変動問題では見返りを要求

トランプが返り咲くと大きく変わることのひとつが、気候変動問題に対する対応です。

気候変動問題では、バイデンとトランプの立場は正反対です。

バイデンは脱炭素投資を支援するインフレ抑制法の制定やＥＶ（電気自動車）支援をしています。ＥＶをより手頃な価格にし、国中の充電インフラに投資したいと考えており、アメリカでのＥＶ製造を促進し、ＥＶ保有者への税額控除を増やすことにも取り組んでいます。

一方、トランプは、この四月に行われた石油会社幹部との夕食会で、バイデンの環境政策をひっくり返す見返りに、一〇〇億ドル（約一五七〇〇億円）もの選挙資金の提供を求めました。気候変動問題への対応として欠かせない、再生可能エネルギーへとシフトさせる政策を阻止したり遅らせたりすることに金銭的利害関係があるのが、石油会社であり、彼らは依然として莫大な選挙献金者なのです。

また、トランプはEVにシフトしたら、メキシコや中国のメーカーにアドバンテージを与えるため、アメリカ国内の自動車雇用が削減される可能性があるとも主張しています。

## 身内から非難されるバイデン

国境問題はこの大統領選の争点として、最大のイシュー（争点、課題）の一つになっています。

バイデンが大統領に立候補したとき、難民や亡命希望者の safe haven（安全な避難所）としての国の歴史的な役割を回復したいと述べたことは記憶に新しいですね。

その寛大な政策につけこんで、膨大な数の不法移民が流入したのです。テキサス州は不法移民を、ニューヨーク市にバスで送りつけていたことがよくニュースになりました。二〇二三年一二月にメキシコ国境付近で拘束された不法移民は初めて三〇万人を超えました。記録的な数の不法移民が流入していたのです。

この寛容なオープン・ボーダー政策を、トランプが痛烈に非難していました。また、ABC放送などがこの五月に発表した世論調査結果によると、トランプがバイデンより不法移民問題に適切に対処すると回答した人は四七パーセントにのぼり、バイデンの三〇パーセントを大きく上回っていたのです。

そして、六月はじめにバイデンは一八〇度転換しました。

バイデンはメキシコ国境から入国した不法越境者が一週間平均で一日あたり二五〇〇人を超えた場合、亡命申請を受理せず、メキシコや本国に即時送還するという大統領令に署名したのです。これまでは入国理由で「亡命」と主張すれば基本的に釈放されて、審査の間は米国での一時滞在が許されていましたが、それも不可能になりました。

これは明らかに無党派層を取り込むための政策転換でした。大統領選を見据えての'Trumpification'（トランプ化）であり、身内の民主党から非難されても仕方ありません。このバイデンの急展開の大統領令については、米自由人権協会（ACLU）もX

（旧ツイッター）で「何万人もの命を危険にさらすやり方だ」と非難し、無効を求めて訴訟を起こす方針を示しています。

バイデンは、トランプの意向を受けた共和党議員が上院でメキシコ国境の管理を強化する法案に反対しているために成立していないと指摘して、「トランプは私に対する攻撃にこの問題を利用している」と言いました。しかし、一方で「移民はアメリカの活力の源だ」と矛盾したことを語っているのです。

国境対策について、トランプはバイデンと違って一貫していることは確かです。

トランプが今回の選挙で大統領に返り咲けば、すべての国境管理政策を復活させるでしょう。具体的には不法移民対策として「アメリカ史上最大の強制送還作戦」を実施すると宣言しているほか、国境を越えて違法な薬物を密輸する犯罪組織に打撃を与えるため軍を投入するとしています。

## 一九世紀の政府には戻れない

トランプが昔ながらの保護主義者であることは有名です。NAFTA（北米自由貿易協定）のような包括的協定をバッシングし、協定が労働者に害を与えていると主張してきました。また、大統領に返り咲けば、すべての輸入品に一〇パーセント以上の関税を課すことを前から示唆しています。

そして、六月には所得税を関税に置き換えるという考えを示しました。

もしこの提案が実施された場合、所得税に取って代わるために必要な平均関税は一三三パーセントになります。アメリカのGDPに占める財・サービスの輸入の割合は約一四パーセントで、連邦所得税の税収（給与税は含まない）は約八パーセント。したがって、置き換えには五七パーセントの関税率が必要になるかと思われるかもしれません。

しかし、関税は消費者にとっての輸入コストを引き上げるため、私たちは輸入を減らす分、関税率をより高くする必要があります。するとさらに輸入は減り、関税率をさらに引き上げねばならず、それが繰り返されるのです。価格の弾力性を一と仮定して計算すると、関税率は一三三パーセントになるのです。

一九世紀のアメリカ合衆国連邦政府は大部分を関税で賄《まかな》ったと言われますが、その理由は、当時は政府がずっとずっと小さかったからです。

その頃に戻れると信じるのは、単なる無知です。

## トランプの勘違い

トランプは大統領一期目のとき、アメリカの貿易赤字に固執していました。

アメリカのシステムでは、大統領が関税率を設定する完全な自由裁量を持っています。

トランプは、私たちの関税は国内の消費者ではなく、外国が払うものだと思っていたのです。また、二国間の貿易収支がもっとも重要なものだと考えており、しかも自分の政策が大きな成功を生み出していると勘違いしていました。

そんな情報も認識も不足していた人物によって、米中貿易戦争がなされていたわけです。

この貿易戦争で勝者はいません。

すべての人にマイナスになります。

しかし、トランプは返り咲いたら、中国からのすべての輸入品に六〇パーセントの関税を課すことも提案しています。

他の政策ではトランプとバイデンは異なりますが、中国に対するスタンスでは共通点が多い。ブルームバーグの報道によると、バイデンは輸出ブラックリストにさらに多くの中国企業と個人を加えることで、むしろトランプの対中制裁を凌駕しています。

バイデンも中国製EVに一〇〇パーセント関税を課すなどと発表し、中国からの激しい反発も予想されています。中国外務省の汪文斌《おうぶんひん》報道官は記者会見で「中国はWTO（世界貿易機関）協定に違反する一方的な関税の引き上げに一貫して反対しており、あらゆる必要な措置をとりみずからの正当な権益を守っていく」と述べ、対抗措置をとることを示唆しています。

## もっとも恐ろしいのは「報復」

トランプは自分が大統領に返り咲くと「報復」を求めると言っています。「もしトラ」の側面でもっとも恐ろしいことがその「報復」です。

トランプは「この選挙が終わったら、彼らのやったことに基づいて、彼らを追及する権利が私にはある」とも発言していますね。

具体的に言えば、司法省は行政府の一部で、行政府のトップである大統領に就任したトランプは、ライバルを捜査し起訴するように指示し、その指示に従わない役人は解雇されるでしょう。トランプのアジェンダ（計画）に忠実でない連邦役人は即解雇されることになるのです。

トランプの一期目のときは、トランプの衝動的な指示に従わない人がたくさんいましたが、二期目は指示の言いなりになることを厭わない人が政権に入ります。

ご存知かもしれませんが、保守系のシンクタンク「ヘリテージ財団」がやっている「プロジェクト二〇二五」が、トランプのアジェンダに忠誠を誓う人のリストをつくっています。トランプが返り咲けばそういう財団から職員としてたくさんの人が政権に入ってくるでしょう。

## 不倫口止め裁判への違和感

現在、トランプは有罪評決が出たり棄却されたりした裁判を除いて二つの訴訟を抱えています。

しかし、トランプは、誰かの政敵であるから起訴されているのではありません。トランプはこの国の民主主義と法の支配の基本的な安定を脅かしているから、起訴されているのです。それを忘れてはいけません。

トランプの不倫口止め料をめぐる裁判で、五月三〇日、ニューヨーク州地裁の陪審団は二日間の評議の末、全員一致で、トランプを有罪とする評決に達しました。アメリカの大統領経験者が刑事裁判で有罪とされたのは初めてですが、トランプが抱えている裁判の中でもっとも取るに足らない裁判です。

トランプがこの裁判で有罪になったからといって、トランプの岩盤支持者にはほとんど影響しないと言われています。ロバート・ケネディ・ジュニアが「この裁判は、民主党にとって最大の共和党ライバルにダメージを与えるべく、民主党によって仕掛けられた政治的策略である」と言ったほどです。

連邦議会下院のマイク・ジョンソン議長は、アメリカの歴史において恥ずべき日だとしながらも「純粋に政治的な動きで、法的なものではない」と述べています。

確かにこの裁判がトランプ嫌いの多いニューヨークで今行われたことをみると、そう言われても仕方ありません。内容が政治にまったく関係のない不倫に関することだからです。イーロン・マスクが「政治的目的のための法の乱用だとしか考えにくい」とポストしたように、多くの人がこの裁判に違和感を覚えるのも無理はありません。

ボストン大学のジェド・シュガーマン教授は四月二三日付けの「ニューヨーク・タイムズ」のコラムで「これは犯罪ではなく、隠蔽である」とし、「ニューヨーク州の判例には一般市民を欺いたという解釈を認めた例はない。このような広範囲な〈選挙干渉〉理論は前例がない」と疑問を呈しています。さらに「今回の裁判では選挙詐欺の側面は政治的効果のために誇張されていた。重罪での起訴に値する根本的な犯罪は明確にされなかった。検察の勝利は突き詰めると、リベラル寄りの司法管轄区で裁判を起こし、有利な陪審員を選んだことが理由であると考えられる」と指摘しています。この指摘に反論するのはかなり難しいと思います。

私は心の底からトランプに大統領になってほしくないですが、この裁判を選挙干渉と見る法律の専門家はかなり多いことは確かです。

## アメリカの民主主義の終焉

不倫口止め料裁判について、トランプは「これは魔女狩り裁判である」と糾弾しています。彼の主張は、自身が選出されないように民主党が仕掛けたことだというものです。

もし彼が再び大統領となり、司法省に政敵を起訴するような指示を出せばどうなるでしょうか。

それは刑事司法制度に対する信頼を損なう行為です。

壮大な権力の乱用になります。

トランプが権力を乱用できるようになるには、検察が協力する必要があります。FBIや他の司法機関がその独立性を失うことにもつながります。そうなると独裁政権とあまり変わらなくなってしまい、アメリカの民主主義は終焉することになるでしょう。

ただ復讐するだけのために法執行機関を政敵に向けることとは、政権が犯しうる最悪の犯罪のひとつです。

しかし、トランプはやりかねません。司法省を武器のようにして政敵に復讐するのは、権威主義と何ら変わりません。

## 富裕層がトランプを支持する理由

トランプは、大統領に再選されたら、社会的にも政治的にもカオスを引き起こしそうな人物です。

なのに、アメリカの富裕層は、なぜ投票しようとするのでしょうか。

それは富裕層に対して減税すると約束しているからです。

カオスを引き起こして権威主義に傾きそうなトランプに、私が投票することはありません。

第４章

# アメリカは金融危機になる

ジム・ロジャーズ

Jim Rogers

投資家。名門イェール大学とオックスフォード大学で歴史学を修めたのち、ウォール街へ。ジョージ・ソロスとともにクォンタム・ファンドを設立、10年で4200パーセントという驚異のリターンを叩き出し、伝説に。37歳で引退後はコロンビア大学で金融論の教授を一時期務め、またテレビやラジオのコメンテーターとして世界中で活躍していた。2007年、来るアジアの世紀を見越して、家族でシンガポールに移住。著書に『冒険投資家ジム・ロジャーズ　世界大発見』『ジム・ロジャーズ　中国の時代』『冒険投資家ジム・ロジャーズのストリート・スマート』などがある。

ジム・ロジャーズ氏は、ウォーレン・バフェット氏、ジョージ・ソロス氏と並び「世界三大投資家」と称されてきた。アメリカの田舎に生まれ、決して裕福ではない少年時代を過ごした彼は英米の名門大学で学んだ後、ウォール街に飛び込んだ。そして、一九七三年にソロス氏とともにヘッジファンド「クォンタム・ファンド」を立ち上げ、一〇年間で四二〇〇パーセントという驚異的な利益を上げたのだ。

リーマン・ショックや中国の台頭、トランプ大統領当選など数々の予想を的中させてきたロジャーズ氏。トランプの主張には正しいことも多いという。

これからのアメリカ経済はどうなるのか。

中国経済は不況から回復するのか。

どこの国の株に注目しているのか。

ミクロとマクロという二つの視点から「お金の流れ」を見抜く目を持つロジャーズ氏が語る。

## 「ドル高は大惨事」発言は正しい

ドナルド・トランプは好きではありませんが、彼が主張することで正しいことは意外とたくさんあります。

その一つが、最近の円安ドル高に関する発言です。

二〇二四年四月、外国為替市場で約三四年ぶりのドル高水準となっていることについて、トランプは「アメリカにとって大惨事だ」とSNS上に投稿しました。

海外でビジネスを展開しているアメリカ企業は、海外での利益をドルに変換しなければなりませんが、そのときにドル高は大きなマイナスになります。

多くのテック企業や原材料を取り扱うアメリカの企業は海外でも莫大な利益をあげていますし、アメリカの代表的な株価指数「S&P500（スタンダード・アンド・プアーズ500種指数）」を構成するアメリカの主要五〇〇社は利益の四〇パーセントが海外から入ってくると言われています。そういった企業にとって、ドル高はマイナスです。

アメリカ第一主義を掲げるトランプからみると、ドル高は大惨事であるというのは正しい。

一方、ジョー・バイデン大統領は、ドル高を容認している点で間違っています。ドル高であれば、海外からアメリカに入ってくる商品がより安くなるので、アメリカ国内での価格競争が激しくなります。

また、海外で莫大な利益を上げても、ドルに変換すれば、ドル安のときよりもドル高のときの方が少なくなるので、収益を押し下げることになります。

バイデンは「単なるアホである」と言った日本の経済学者がいたようですが、言葉は悪くても当たっているでしょう。

## 経済学を理解していないトランプ

トランプはアメリカ第一主義を掲げていますが、どの国もその点では同じです。自国の利益を後回しにする国のリーダーはいません。

また、トランプは自分の思い通りの結果を出すためには、常軌を逸した行動に出ることもありますが、良きにつけ悪しきにつけ有言実行の人です。

ですから、大統領に返り咲けば、ドルを安くするために、ＦＲＢ（連邦準備制度理事会）に「金利を下げろ」と直接言う可能性もあります。おそらくトランプは経済学を深く理解していません。それゆえ、それ以外の具体的な対策はまだわかっていないと思います。

また、アメリカにとって何をすれば本当にいいのかということも、わかっていないかもしれません。

## 一ドル＝三〇〇円台になってもおかしくない

中央銀行が紙幣を刷り続ければ、その国の通貨の価値は相対的に下がるのは当然で、その姿勢を変えない限り、通貨安の状況は続きます。

日本銀行は、二〇一六年から「金融緩和強化のための新しい枠組み」として、指定した利回りで国債を買い入れることを決定し、長年にわたって続けてきました。これは、お金を際限なく刷りまくっていたということです。

ですから、今の円安には驚きません。

私は一ドル＝三〇〇円台だった時代を覚えていますが、今後もし何も対策をしなければ、そこに到達してもおかしくありません。政府・日銀が為替介入をしているものの、放置しておくよりはマシといった程度のものです。為替介入には限界があり、効果は一時的なもの。根本的な解決にはつながりません。

もちろん、海外で利益を出している日本のグローバル企業にとって、円安は大きなプラスになります。トヨタは、二〇二四年三月期の決算で売上高が四五兆円を超えて、営業利益が初めて五兆円を突破しました。それは明らかに円安が追い風になっています。

その一方で、円安によって輸入品や原材料の価格が高くなり、それが物価上昇に加担しています。

日本の企業がいくら賃上げをしたところで、物価上昇に追いつかなければ、実質賃金はマイナスになります。

実質賃金が下がると、消費者の生活はますます困窮します。

円安が日本の物価を高くしていることは自明の理です。

**アメリカは二年以内に景気後退**

アメリカでは、少し落ち着いたようですが、インフレーションが高止まりしています。

FRBが政策金利を下げない限り、あるいは下げることが見込めない限り、ドル高が続きます。FRBは二〇二四年いっぱい、金利を下げない可能性があります。

今のドル高は他の国の経済が弱いことが原因なので、良いドル高であるとは言えません。

つまり、ドルの価値の運命は単にアメリカ国内の状況だけではなく、日本を含む他の国の経済がもっと強くなるかどうかにかかっています。

いまのアメリカの経済は好調ですが、長続きしません。

それは歴史をみると明らかです。

二年以内にリセッション（景気後退）に入り、前よりもひどい状態、つまり金融危機になると思います。

国の借金が増えていることも要因ですが、インフレの高止まりが続くと消費者の購買意欲がそがれることも関係しています。

トランプが勝利して大統領の座に戻ってきたとき、紙幣の印刷を減らせば金融危機になるリスクを減らすことができますが、そのことをトランプ自身が理解しているかどうかはわかりません。

いま、アメリカはリセッションがない状態を最も長く経験しています。

私はまだ空売りをしていませんが、株式をみると長期の上げ相場の終わりに近づいています。

## ヨーロッパを見ならうべし

トランプは返り咲いたら、中国からの輸入品に対して六〇パーセントの関税をかけると意気込んでいます。

彼は良くも悪くも有言実行の人ですから、実行する可能性は高い。

中国からの輸入品が安ければ、アメリカ企業に悪影響を及ぼすので、トランプの気持ちは理解できますが、それは行きすぎです。

この状況は、一九八〇年代の日本を想起させます。日本から安いものがアメリカに入ってきて、アメリカの企業が大打撃を受けた時代です。当時、アメリカも他国も日本を痛烈に非難していました。

もし、トランプが中国からの輸入品に六〇パーセントの関税をかけたらどうなるのか。

そうなると米中経済のデカップリング（decoupling）が起きます。それは行きすぎです。

私は、経済学者らが提唱しているデリスキング（de-risking）がいいと思います。

これはデカップリングに続いて、地政学的な観点から登場した新しい概念です。特に中国との緊密な経済関係内で発生する可能性のあるリスクを効果的に管理して、軽減を図りつつ、関係を維持していくことを意味しています。具体的には、サプライチェーンなどの過度な中国依存からの脱却や、中国への先端技術の流出防止を図りながらも、経済関係そのものは維持していくことを指します。

現在の国際情勢下で、民主主義国家と中国やロシアなどとのあいだで価値観や安全保障を巡る対立が深まり、経済のデカップリングの是非が問われています。

一方で、そもそも中国はグローバル経済に組み込まれていることから欧米との完全なデカップリングはほぼ不可能な状況にあります。

デリスキングという言葉は、中国との経済関係を重視する欧州関係者が好んで使っています。

習近平国家主席は二〇二四年にヨーロッパを五年ぶりに訪問して、フランス、そしてセルビアやハンガリーをまわりましたが、ヨーロッパは中国とうまくやっています。トランプがデリスキングという概念を理解しているかどうかはわかりませんが、大統領になったら、ヨーロッパを見ならってほしいと思います。

## 私の投資哲学

中国経済が不況であることは間違いありませんが、中国は景気の底に達し、それをすでに過ぎている状態だと思います。

それでも回復には時間がかかります。長引く不動産不況や債務過剰が深刻であるからです。

しかし、中国はＥＶ（電気自動車）やＡＩ（人工知能）やＥＣ（電子商取引）の分野では世界をリードする技術革新を遂げており、グローバル市場で戦える力もあるので、間違いなく回復します。

また中国は日本と違って、天然資源が豊富です。

ですから、中国経済が回復するのは確実です。

アメリカはそれを恐れているのでしょう。

私は今でも中国株に注目していますが、それは“buy cheap, sell high”（安く買って高く売る）という私の投資哲学をそのまま実行できるからです。

バイデンは中国に対してかなり厳しい政策をとっていますが、トランプが返り咲いたら、より厳しい政策をとる可能性が高いでしょう。

中国が経済規模で世界二位である。トランプはその事実を十分理解しているからです。

## 保護主義で貿易戦争に勝った国はない

ただ、トランプが誤解している点もあります。

前回のトランプ政権下では、保護主義政策を進めていました。

しかし、歴史上、保護主義政策による貿易戦争で勝った国はひとつもありません。

どの国もマイナスになるのです。

歴史的に見て、貿易戦争が悲劇をもたらした例はたくさんありますが、そのなかでも代表的な例を挙げましょう。

アメリカはフーバー政権下で、一九二九年に大恐慌が始まった際、国内産業保護のため農作物など二万品目の輸入関税を平均五〇パーセント引き上げました。

それに対する報復措置として多くの国がアメリカの商品に高い関税をかけたため、世界貿易が停滞し、恐慌を深刻化させたといわれています。

そして、第二次世界大戦が勃発したのです。

すべては、アメリカが一九二九年に大規模な貿易戦争を始めたからです。

それでもトランプは、貿易戦争は正しい行いで、必ず自国が勝つと思っています。

貿易戦争が良い結果をもたらしたことはないという史実を、いままで誰も彼に説明していないのでしょうか。もしくは、トランプは自分を歴史より賢いと思っているのかもしれません。

## 「歴史は韻を踏む」

私が歴史を学ぶことの大切さに気づいたのは、アメリカのイェール大学を卒業し、イギリスのオックスフォード大学の修士課程で学んでいたときです。イェールではアメリカ史とヨーロッパ史を、オックスフォードではイギリス史を専攻していました。恥ずかしいことに、当時の私はアメリカとヨーロッパが世界のすべてであると思っていたのです。

オックスフォードで学んでいたとき、過去に起きたものとよく似た出来事が、くり返し起きていると気づきました。

その後にニューヨークのウォール街の投資業界で働き始めたときにも、同じことを感じたのです。

お金、つまり資本の動きは、過去にも似たような動きをしているものだ、と。

以来、日本や中国をはじめとするアジアの歴史や、そのほかの地域の歴史も学ぶようになりました。

そして、世界一周旅行にも二度出かけました。一度目はバイクで世界六大陸をまわり、二度目はメルセデスで一一六カ国、二四万キロを走破したことで、さらに世界のことが理解できるようになったと思っています。

重要なことは「歴史は韻を踏む」ということ。

作家マーク・トウェインの言葉ですが、世界の出来事のほとんどは以前にも起きていて、韻を踏むように、少しずつ形を変えながら反復をし続けるのです。

私は歴史から「お金はどう動くか」ということを学んでいたおかげで、リーマン・ショックをはじめ、数多くの出来事を事前に予想することができたのです。

私は二〇一六年に行われたアメリカ大統領選のときのことをよく覚えています。大統領選挙が行われる前、ニュースを見ながら、妻と娘二人に、こう断言したのです。

「勝つのは、ドナルド・トランプだ」

すると、家族はみなひどく腹を立てました。

私はトランプ支持を表明したのではなく、あくまで彼が勝つと言っただけなのですが。

## 投資家が嫌うバイデンの政策

アメリカの有権者には、ジョー・バイデンとドナルド・トランプの二人に嫌気が差している「ダブルヘイター」がたくさんいます。

私は人間を嫌うという気持ちを持たないようにしていますが、ただ言えることは、どちらも無能であることです。バイデンも自分が何をやっているかわかっていないから、大統領にふさわしい人物ではありません。また、歴史的に見るとアメリカの大統領はあまり頭がよくないのです。

しかし、ウォール街の投資家や大企業のCEO（最高経営責任者）などの富裕層は、トランプに投票するでしょう。

トランプは減税を含め、投資家や富裕層に有利な政策を実行すると約束しているからです。さきほども言いましたが、トランプは有言実行の人です。

バイデンは今年三月七日の一般教書演説で、企業や資産家を優遇する大型減税を実現したトランプとの経済政策の違いを鮮明にしました。富裕層や大企業への課税強化と勤労世帯の支援を打ち出したのです。

投資家や富裕層は、自分たちが払う税金が大幅に増えるので、バイデンの政策を嫌います。

## 戦争ほど厄介なものはない

最後にウクライナとガザで起きている戦争について述べましょう。

トランプがもし返り咲くのなら、そのころには終わってほしいと願っているでしょう。戦争が起きている限り、石油や農産物、特に穀物の価格が上がるからです。

それは多くの国や産業にとっていいことではありません。

投資家にとっても、株式市場にとっても、とにかく早く戦争が終わった方がいい。

大統領選後もまだ戦争が続いていたら、トランプは早く終わらせるためにありとあらゆることをするでしょう。

トランプ単独の決断でウクライナに対する支援を終わらせるのが難しくなったとしても、早く終わらせようとすることは間違いありません。

戦争ほど厄介なものはありません。いったん始めたら、停戦するのが大変だからです。

トランプ政権のとき、戦争は起こりませんでした。

その点は買われるべきでしょう。

第５章

# トランプは独裁者のカモになる

ジョン・ボルトン

John Bolton

1948年、アメリカ合衆国メリーランド州ボルチモア生まれ。イェール大学を卒業後、同大学ロースクールを修了し、法務博士（J.D.）を取得。2005年から2006年まで駐国連米国大使を務めていた。レーガン、ジョージ・H・ブッシュ、ジョージ・W・ブッシュの3政権で高官ポストを占めた。著書に『Surrender Is Not an Option』などがある。

ジョン・ボルトン氏はトランプ政権下で二〇一八年四月から二〇一九年九月まで国家安全保障担当大統領補佐官を務め、アメリカの外交・安全保障政策を担った人物だ。共和党きってのタカ派であり、対北朝鮮強硬派として知られている。北朝鮮外交をめぐってトランプと対立し、大統領補佐官を解任された。

また、トランプ外交の舞台裏を明かした著書『ジョン・ボルトン回顧録　トランプ大統領との４５３日』（邦訳は朝日新聞出版。原題は“The room where it happened”）は、アメリカでは発売直後の一週間で七八万部を突破するなど、世界中でベストセラーとなった。

トランプが再び大統領の座に返り咲いたら、日米同盟やＮＡＴＯ（北大西洋条約機構）は危機に陥るのか。

プーチンや習近平、金正恩は、トランプをどのように見ているのか。

ウクライナやガザでの戦争はどうなるのか。

トランプ外交を間近で見てきたボルトン氏に聞いた。

## 日米同盟は予期せぬ事態に

次のアメリカ大統領選で、もしドナルド・トランプが選出されたら、日米同盟が危機にさらされるのではないか。

それが日本政府の抱く最も深刻な懸念の一つでしょう。

断言できることは、トランプは「同盟の本質」をよくわかっていない、ということです。

したがって日米同盟はまったく予期せぬ事態に陥る可能性があります。

まず日本人に知っておいてほしいのは、トランプは日米同盟の意義をまったく理解していないということです。アメリカは「親切心から日本を防衛している」と考えており、アメリカの好意に対して、日本が十分な見返りをアメリカに与えていないと考えています。

相互防衛同盟が同盟国に利益をもたらすこと、すなわち同盟国がばらばらに自国を防衛するよりも、協力して集団安全保障体制を築いた方が、自国を守りやすくなることをトランプは理解していません。日米同盟など続けるだけアメリカの損だと考えている。

残念ながら、彼が大統領退任後に賢くなった様子はうかがえません。

## 世界情勢は根本的に変わってしまった

ところが、トランプが大統領の座から去って三年余りが経った今、中国や北朝鮮、ロシアが世界にもたらしている脅威はむしろ高まっています。

にもかかわらず、ジョー・バイデン大統領はオバマ元大統領の「戦略的忍耐」政策に倣って何もしませんでした。その間、ロシアはウクライナ戦争を始め、中台の緊張は高まり、北朝鮮は核兵器や弾道ミサイルの開発を着々と進めました。

岸田文雄首相がすでに表明しているように、日本がＧＤＰの二パーセントにまで防衛費を増やすと、日本は世界で三番目の軍事大国になります。

もし、トランプが再び大統領になったら、日本は防衛費をかなり増やす予定であることを最初にまず説明すべきです。

そして、トランプに日米同盟を破壊させないために、彼が政権に就いていたときと今を比べると、世界の情勢が根本的に変わってしまったということを、トランプに理解してもらうことが非常に重要になってきます。

アメリカはすでに緊迫する世界情勢に対して様々な対策を講じてきました。

たとえば、二〇二一年に、オーストラリア（Australia）、イギリス（United Kingdom）、アメリカ（United States）の三国間で、AUKUS（オーカス）という同盟を組みました。これは、オーストラリアによる原子力潜水艦の開発を支援する名目で始めた軍事同盟です。他にもアメリカはフィリピンと協力体制を築き、アメリカ、韓国、フィリピンの三カ国で軍事演習を行う同意をとりつけました。

トランプが再び大統領になってもならなくても、アメリカは防衛費を二〇二二年度のGDP比二・八五パーセントから三・五パーセントぐらいまで増やさなければならないでしょう。

あるいは、ロナルド・レーガン政権（一九八一〜八九年）のときのように五、六パーセントまで上げなければならないかもしれません。あの頃は冷戦の終盤でソ連の脅威が著しく高まっていたので、防衛費もそのレベルまで上がりました。

現代の「脅威」は、国際的なテロなど常に警戒しなければならない日常レベルの「脅威」だけではありません。

ありとあらゆる「脅威」が存在するのです。

我々は核拡散、サイバー戦争、宇宙戦争すべてを含む脅威に備えなければならない時代に生きています。

## アジアだけに重点を置くのは間違い

「アメリカの国力は非常に限られていて、主な脅威は中国である。そして中国の今の主な関心は台湾にある。であれば、ウクライナ戦争や中東の戦争に目を奪われずに、アメリカは中国、特に台湾に集中すべきだ」という主張がよくなされます。

しかし、私はそれとは異なる意見を持っています。

アメリカが大国であり続ける能力を持っていることは明らかです。

その地位を維持するには、さらなる国力が必要です。

だからこそ、アメリカは防衛費を増やさなければならない。世界の安定を保つことでアメリカは繁栄し続ける。アメリカの経済力であれば、それを実現することは容易に可能です。

ですから、アメリカがヨーロッパや中東のことは忘れて、アジアだけに重点を置くのは、戦略的に間違っています。アメリカが一つの地域から目を離せば、必ずその隙に中国やロシアなど他の敵対国が足を踏み入れてくるからです。

今年三月、中国とロシア、イランの三カ国の海軍が、中東のオマーン湾で共同海上演習を行いました。さらに、中国はロシアから石油や天然ガスの輸入を増やしたり、自国の金融システムを使って資金洗浄したりすることで、ロシアによるウクライナ侵略を支援しています。ロシアには、北朝鮮が武器や兵器を、イランがドローンを売っています。

中国とロシアという新しい枢軸や、それに従う国が協力し始めると、こういう事態が起こるわけです。

私が最も危惧しているのは、中国の脅威だけに専心していればいい、という考え方をしているうちに、アメリカがある種の「孤立主義」に陥ってしまうことです。

## 「アメリカは守らない」発言の真意とは

アメリカが防衛費をGDPの五、六パーセントまで上げるとなると、同盟諸国に対して、三、四パーセントまで上げるよう求めるのは当然です。再選されたトランプがそれを要求しても私は驚きません。

今年の三月、イギリスのグラント・シャップス国防相が、将来的にイギリスの防衛費をGDP比三パーセントまで上げることを考えていると発言し、ヨーロッパで活発な議論が行われるようになりました。

NATO（北大西洋条約機構）は今年で設立七五周年を迎えましたが、その将来についても多くの議論がなされています。今まさに我々は適切な防衛費支出がどれぐらいなのかを再検討している最中です。NATO諸国が直面している脅威は増すばかりで避けられないからです。

今年二月の米サウスカロライナ州の選挙集会で飛び出した、トランプのNATOに関する発言が物議を醸しました。

かつて大統領としてNATO首脳会議に参加した際のこと。

ある大国の大統領から、

「我々が防衛費を十分支出せず、ロシアから攻撃を受けたら、守ってくれるか」

という質問を受け、トランプは、

「いや、守らない。ロシアにやりたいことは何でもするよう奨励するだろう」

と答えた、というのです。

これはヨーロッパの同盟国に防衛費の増額を認めさせるための脅しなのか、それとも本気でNATOを離脱するつもりなのだろうか。それをめぐって議論が湧き起こりました。

## NATO離脱はあり得る

トランプは悪い意味で、有言実行の人だと言われています。

私は大統領補佐官の在任中、一七カ月間、間近で彼を観察しました。トランプが何回も同じことを繰り返したときは、本気で言っていると思った方がいいのです。

では、今回の発言の真意はどこにあるのか。

件《くだん》の発言の後、トランプは、こう話しました。

「NATO加盟国が我々を公平に扱えば、NATOをサポートする」

これは、防衛費を分相応にきちんと支出すれば、守ってやる、ということです。

トランプのアドバイザーの一人は、NATOを二層に分ける構想を提案しています。

第一層はGDP比二パーセント以上の防衛費を支出する同盟国。

第二層は二パーセントを支出しない同盟国。

アメリカは第一層の国は守るが、第二層は助けないという構想です。

これは非現実的で、ただただクレージーな構想ですが、彼ならやりかねない。

もちろんNATOにも色々な問題があることは確かですが、それはどの同盟でも同じです。改善する余地があることは間違いありません。

私は、ヨーロッパの同盟国に何年も前から、防衛費の支出を増やすように催促してきましたが、それはNATOを強化するためでした。

でも、同盟そのものの存在を非難することは、同盟国だけでなくアメリカにも害を及ぼします。

しかし、トランプはそのことをわかっていません。彼はNATOから離脱することを辞さない構えで、防衛費の増額をNATOの同盟国に要求するでしょう。

それはなぜか。

トランプにとって、防衛費増額の要求は、離脱交渉の際の有力なカードなのです。NATOなどアメリカにとってはムダだという考えが根本にある。

ですから、トランプが大統領に再選されることは端的に言って危険です。そうなったら、アメリカのNATO離脱の可能性が高まるからです。

## 世界を戦慄させる選択

離脱はアメリカにとって破滅的な選択になるでしょう。

世界、特にヨーロッパを今よりもはるかに危険な状態に陥れます。

アメリカの代わりになる国はありません。

もし、同盟の中で長い歴史を持ち、最も成功しているＮＡＴＯから離脱すれば、アメリカと同盟関係を結ぶ他の国々は、アメリカを信用できなくなってしまいます。インド太平洋地域でアメリカと同盟を結ぶ国々の危惧は深まるでしょう。アメリカが同盟をつぎつぎに解消して孤立主義を取れば、中東もあっという間に大混乱に陥るにちがいありません。

したがってアメリカのＮＡＴＯ離脱は、世界を戦慄させる選択なのです。

トランプが再選されたら、分別のある彼のアドバイザーがＮＡＴＯの問題から他の問題にトランプの注意をそらす方法を見つけ出さなければなりません。もしトランプが、緊急に多くの改革が必要な機関を狙うのであれば、国連を標的にしてもらうように誘導すべきです。

### 失敗したら「誰かのせい」

「自分が大統領になれば、二四時間でウクライナ戦争を終わらせることができる」トランプは昨年五月、そう豪語しました。

彼が大言壮語することはよくありますが、それは証明も否定もできないことばかりです。

これに対して、ウクライナのゼレンスキー大統領は、「アメリカが独断で和平交渉を進めるのは、非常に危険」と反論しました。ウクライナが恐れていることは、トランプが実際に二四時間で終結させようとして失敗して、ウクライナ情勢が大混乱に陥ることです。

しかし、トランプの頭の中では「失敗は絶対に起きない。起きたとしたら、それは自分のせいではなく、常に他の誰かのせい」です。

ですから、失敗すれば、彼は「ゼレンスキーのせいだ」と言うでしょう。

トランプはウクライナ戦争を自分の友であるプーチン大統領が引き起こした問題であるとは考えていません。

トランプが大統領に返り咲いた場合、ウクライナへの支援を断ち切る可能性があります。そうなっても、ウクライナは即崩壊はしないでしょう。

でも、それはヨーロッパだけでなく、インド太平洋地域にも深刻な影響をもたらします。

アメリカがウクライナを見放せば、中国は「アメリカから遠いインド太平洋地域も守ろうとはしないだろう」と考えるでしょう。

同時にインド太平洋地域の多くの国が中国の進出をますます危惧するようになる。インド太平洋が不安定化するのは当然です。

## 「格好だけのカウボーイ」

トランプは、新型コロナウイルスは武漢が起源であると考えています。コロナウイルスによるアメリカ経済や社会に対するネガティブな影響が甚大すぎて、二〇二〇年の大統領選でその犠牲になったと考えています。

だから、中国に対して極めて批判的で、中国からの輸入品に対する関税を上げる、六〇パーセントの関税をかけると主張しています。

しかし、それは米テキサス州の言葉で言えば、“All hat and no cattle”です。「カウボーイの帽子をかぶっているが、牛を扱わない」。

すなわち「格好だけのカウボーイ」ということから、「口では大きなことを言うが実際には何もしない、できない。格好だけで中身がない」という意味です。

これはまさにトランプそのものです。

たしかにトランプは貿易不均衡を嫌います。貿易不均衡を金銭上のイシュー（争点、課題）としてとらえており、自分でもよく理解していると思っています。

でも、「貿易黒字＝いいこと」、「貿易赤字＝悪いこと」という短絡的な発想は間違っているのです。

## トランプは戦争嫌い？

「バイデンのせいだ。私が大統領なら決して攻撃されなかった」

トランプは昨年一〇月のハマスによるイスラエル奇襲について、そう主張しましたが、これを証明することも反証することもできません。

さらに、彼は今、ガザで起きている戦争に対して、

「イスラエルは戦争を早く終わらせろ。平和に戻れ。人々を殺すのをやめろ」

と発言しました。

トランプが大統領だったときには、イスラエルの強力なサポーターでした。もし再び大統領になれば当然、同様の姿勢でこの戦争に臨むだろう。多くの人はそう考えて

いますが、それは間違いであることが明らかになってきました。実際のところ、トランプはガザでのイスラエルの行動を幾度も痛烈に非難していました。

トランプ政権の間、戦争は起きませんでした。だから、トランプは戦争が嫌いであると言う人もいます。

しかし、私に言わせれば、結果的にそうなっただけで、戦争が嫌いなわけではない。トランプは自分が責任を取らなければならない問題が生じることが、とにかく嫌いなのです。

要は、哲学がない。

我々は国益を鑑み、ベストの政策を策定するプロセスを選択しますが、トランプは自分に利益になるかどうかを基準にして物事を見ます。

彼の眼には、ガザで起きている戦争は必要でもない、ありがたくもない問題に映っているはずです。「戦争だから」という理由ではなく、「解決するのが自分にとって大変に難しいから」という理由で、ただただ忌避しているのです。

トランプはガザの戦争については、今はバイデンを非難しておいて、自分が大統領に返り咲くころには終わっていることを心から望んでいることでしょう。

## プーチン、習近平、金正恩のトランプ観

私は大統領補佐官の在任中、プーチンとトランプの会談に同席し、会話をすぐそばで聞いていました。

トランプはプーチンと良好な人間関係を築いていると言っていますが、それはトランプの勘違いです。

プーチンは、トランプをいいカモだと見ている。

プーチンは自分がロシアに対して何をもたらしたいのかをわかっており、それを達成するためなら何でもします。トランプのことを幻惑するのが簡単な相手と見ており、上手に振る舞って、つけこんできました。

習近平も金正恩も、プーチンと同じトランプ観を持っています。

私は、習近平とトランプの会談にも同席しました。

習近平はおべっかを使うことに非常に長《た》けています。習近平はくどいほどトランプを持ち上げて、私はうんざりして見ていましたが、トランプは喜色満面でした。

金正恩も笑顔をたやさず、しきりにごまをすっていました。

習近平も金正恩もトランプは国際情勢を理解していないことを見抜いています。でも、そのことでトランプに屈辱を与えたいとは考えていません。もしそうすれば、彼を敵に回してしまうからです。トランプが再選されれば、どうやって彼につけこもうか、今も虎視眈々と考えているにちがいありません。

トランプはおべっかを使われるのが好きなので、多くの世界中のリーダーの結論は、トランプとうまくやるには「ごますりが効く」ということです。

トランプが二〇一八年から二〇一九年にかけて三回にわたって金正恩と会談したとき、トランプは自分がやっていることの意味を理解していませんでした。

特に二〇一九年のハノイでの第二回の会談は、合意も取り決めもないまま決裂しました。

それはなぜかというと、我々政権スタッフが、トランプに自身にとって何が政治的に利益になるのかを説明し、アメリカの国家安全保障にとってベストな行動をとるように導いたからでした。

我々は「もし合意内容が北朝鮮を非核化させるものではなく、金正恩の提案を受け入れた場合、アメリカで莫大な政治的打撃が生じて、次の選挙に負ける可能性がある」と伝えて、説得することに成功しました。

しかし、トランプが再び政権に就いたとき、周囲が同じように説得できるかはわかりません。

もし、私が金正恩であれば、トランプが大統領に返り咲いた翌日に電話して、できるだけ早く会談をしようと持ちかけます。

そして平壌に招待します。

するとトランプは北朝鮮で金正恩と会談する最初の米大統領になります。

そういうことがトランプの自尊心をくすぐり、興味を惹くのです。

## 国際関係は人間関係で決まらない

プーチンをはじめアメリカの敵対国のリーダーたちは、一期目でトランプの人物像をかなりはっきり摑んでおり、トランプが返り咲いたときにどのように扱ったらいいのかわかっています。

独裁主義者たちから見ると、トランプは操りやすいのです。

私が懸念するのは、アメリカの敵対国が安全保障についてのトランプの無知につけこみ、トランプの利益になると思われることを色々と準備していることです。

トランプが彼らの術中にはまってしまえば、その甚大な不利益は最終的にアメリカだけでなく、ロシアと緊張関係にある欧州各国、そして中国、北朝鮮と対峙《たいじ》する韓国と日本もこうむることになるでしょう。

トランプの勘違いは、自分が金正恩と良好な人間関係を持っているから、アメリカと北朝鮮は良好な関係にあると考えていることです。

これは明らかな間違いです。

私は人間関係には何の意味もない、と言っているのではありません。

でも、人間関係で国家間の関係が決まるわけではありません。

## アメリカの司法が危ない

トランプが大統領に再選されたとき、彼がアメリカにもたらしかねないカオスを私は最も危惧しています。

トランプ自身がカオスそのものですから、一期目で起きたことの繰り返しどころか、もっとひどいことが起きる可能性があります。

危ないのは司法省です。

トランプに持続的にプレッシャーをかけられるおそれがあるからです。トランプなら、法的な根拠がなくても、あいつを起訴しろ、と命じかねません。

それに対して、司法長官はどのように対応するのか。

司法制度そのものにカオスをもたらす可能性も大いにあります。国防総省、ＣＩＡなどの諜報機関、ＦＢＩなどにトランプが違法な命令をしたら、それらに対してどのように対応すればいいのか。

どんな混乱が起きるかは、今の時点ではまったく予測不能です。

一期目でもトランプは様々な制度に害を及ぼしましたが、二期目も多くの害をもたらすでしょう。

一期目でなした害は、ほとんど修復できましたが、二期目となると修復できるかどうかは未知数です。

## 独裁者になれるのか

トランプは、民主主義体制に存在する、権力の暴走を抑止するためのルールや制限がなければいいと考えています。プーチンや習近平には、そのような制限がないので、彼らを称賛しています。

彼には国のためという発想はありません。

自分にとって何が利益になるのかばかりを常に考えています。

でも、トランプはアメリカの憲法や制度にとって致命的な脅威であるとは思いません。

彼は独裁者になれるほど利口ではないからです。

アメリカの憲法も制度も強靭です。

とはいえ、トランプが再選されたら、大きな試練の四年間になるでしょう。我々はトランプが重要な制度を破壊するのを防がなければなりません。我々の「共和国」はトランプに耐えられるくらいには、まだまだ強固だと思います。

第6章

# 日本は台湾での戦争に備えよ

ジャック・アタリ

Jacques Attali
経済学者、思想家。1943年生まれ。フランス国立行政学院卒業、パリ・ドーフィン大学で博士号取得。フランソワ・ミッテラン大統領の政策顧問、欧州復興開発銀行の初代総裁など要職を歴任。経済にとどまらず、政治や社会、文化など多方面で論説を執筆。これまでソ連の崩壊や金融危機、トランプ政権の誕生などを予測した。主な著書に『命の経済』『2030年　ジャック・アタリの未来予測』『食の歴史』『教育の超・人類史』『21世紀の歴史』など。

ジャック・アタリ氏は、フランスの経済学者・思想家である。フランソワ・ミッテラン大統領の政策顧問を一〇年にわたり務め、欧州復興開発銀行の初代総裁として手腕をふるった。国際協力団体のポジティブ・プラネットをはじめ、四つの国際機関の設立にもかかわった彼は、筋金入りのヨーロッパ統合推進派としても知られる。

二〇一六年に刊行した著書『Vivement après-demain!』(邦題は『2030年　ジャック・アタリの未来予測』プレジデント社)では、ロシアによるウクライナ侵攻を見事に予測した。さらに、世界大戦を引き起こす危機はいくつも存在するということを、著書やさまざまな論説などを通じて発信してきた。

アメリカがヨーロッパから撤退することを以前から予測しているアタリ氏が、日米同盟に依存してきた日本に対して警鐘を鳴らす。

## 第三次世界大戦の引き金

第三次世界大戦の引き金となるメカニズムは四つある。かねてから私はそう言っています。

まず、そのうち二つは、すでに起きている戦争です。ロシアとウクライナ間の戦争、そしてイスラエルとパレスチナ・ガザ地区で起きている戦争。

三つめが、中国と台湾の衝突です。中国が台湾を攻撃すると、日本は直接巻き込まれることになるでしょう。

そして、四つめは韓国と北朝鮮で起きることです。

戦争はいったん始まるとやめるのは非常に難しいので、第三次世界大戦が起きないようにすることが、極めて重要です。そのためには、紛争をできるだけローカル（起きている地域）だけにとどめるようにして、大国（グローバルパワー）を介入させないようにすることが肝要といえます。

## 日米同盟はどうなるか

トランプが復権すれば、日本に対して防衛費の増加を要求することは間違いないでしょう。ＧＤＰの二パーセントでは少なすぎるからです。

また、多くの専門家は、トランプ政権になったら、日米同盟が危機に瀕すると言います。

しかし、トランプが大統領の権限を使ったとしても、日米同盟をゴミ箱に捨てることはできないでしょう。ですから、大統領に返り咲いても、最初は多くの変化は見られないと思います。

とはいえ、たとえば北朝鮮が日本を直接攻撃した場合や、中国が台湾を攻撃した場合、アメリカが日本を助けるかどうか。

アメリカは本来であれば日米安保条約を尊重して日本を助けなければなりませんが、トランプ政権の場合はどのくらい助けるかはわからず、危機が起きる可能性があります。

## ヨーロッパは安全保障の危機に

いまヨーロッパの安全保障は、二つの懸念や危機があります。まずひとつは、ロシアのウクライナに対する全面戦争が喫緊の危機です。イギリスのリシ・スナク前首相が四月のスピーチで「war footing（戦時体制）」という言葉を使いましたね。この戦争が原因でイギリスだけではなく、防衛費をかなり増加しなければならないという結論に達したリーダーが増えています。

バイデン政権下でウクライナ支援が何カ月も棚上げされている間、ヨーロッパ諸国はそのギャップを必死で埋めようとしていました。今年三月、ＥＵ（欧州連合）のシャルル・ミシェル大統領は「平和を望むなら戦争に備えなければならない」「ＥＵがしっかり対応し、ウクライナに十分な支援を提供してロシアを阻止しなければ、次はわれわれの番だ」と防衛に対する考え方のパラダイム・シフトを要請しました。

しかし、ヨーロッパはアメリカの critical role（重要な役割）を受け継げるほど、兵器の備蓄がありません。

ヨーロッパ諸国が防衛費をさらに増やすには、経済面での優先順位のより深い転換が必要です。

ロシアに近いポーランドやフィンランドやバルト海沿岸の諸国（エストニア、ラトビア、リトアニア）に対して、防衛費増加の必要性を説得する必要は一度もありませんでした。それより西側にある国に対しては、説得にさらに時間がかかりました。スナク前首相はポーランドを訪問したとき、NATO（北大西洋条約機構）の事務総長もいるなかで、イギリスの防衛費をNATOの目標額である対GDP比二パーセントよりも多い、二・五パーセントにすると発表。その三日後、フランスのマクロン大統領は武器生産を強化するべきだと言いました。

しかし、ヨーロッパ大陸を“real war footing”（本当の戦時体制）に置くのは困難でしょう。

というのも、ヨーロッパ経済はまだ、二〇〇八年のリーマン・ショックという世界的な金融危機や、コロナパンデミックから完全に立ち直っていないからです。

防衛費を増加するということは、すでに資金難になっている国内の優先事項に対してさらに資金が減少することにつながります。

## ヨーロッパの防衛費でアメリカがプラスに

ヨーロッパのリーダーたちが望んでいるのは、有権者が長年の国防投資不足の教訓をすぐに学ぶことですが、私はこんな言葉を思い出します。
"The only real peace dividend is, quite simply, peace."（真の平和の配当は、端的に言えば、平和だけである）
イギリスのマーガレット・サッチャーが首相を辞任した翌年の一九九一年にワシントンの昼食会で発した言葉です。「平和の配当」というのは、「軍縮により浮いた軍事費を平和目的に割り当てること」です。
現在ヨーロッパ諸国で増加した防衛費のほとんどは、アメリカで製造されている兵器を買うことにあてられるので、アメリカにとっては非常にプラスになっています。ヨーロッパがヨーロッパの軍事産業のためにお金を使うのはフェアですが、アメリカの軍事産業のためにお金を使うのはフェアではありません。

ウクライナ戦争と並んで、ヨーロッパにとってもうひとつの大きな懸念は、一一月に行われるアメリカ大統領選挙です。トランプが返り咲けば、ヨーロッパ大陸は安全保障をアメリカに依存することができなくなり、危機にさらされます。

だからこそ、アメリカではなくヨーロッパの防衛産業にお金をもっと使うべきです。

## 民主主義国にとって大惨事

トランプは自分が今大統領であれば、二四時間以内にウクライナ戦争を終わらせることができると豪語しました。

それはトランプがロシアに勝利してほしいことを意味しています。アメリカの対ウクライナ支援は莫大なものですから、それを止めるだけでウクライナは負けるでしょう。

　また、トランプはプーチンの盟友ですから大統領に返り咲けば、西側諸国や民主主義諸国、ヨーロッパにとって disaster（大惨事）になりますが、ひとつだけいいことがあります。

　それはヨーロッパが他国に頼らずに自分たちで国益を守らないといけないという、一種の wake-up call（警鐘）になるということです。

　NATOから脱退する可能性もありますが、かりに脱退しなくてもNATO条約第五条を守らないかもしれません。第五条は集団的安全保障を定め、加盟国は別の加盟国が攻撃された場合にこの国を防衛する義務を負うということになっています。たとえばロシアがラトビアやポーランドを攻撃した場合、アメリカは防衛の義務がありま す。しかし、トランプなら条約を守らず、防衛しない可能性があります。そうするとそれがNATOの終焉になり、ヨーロッパが独自の防衛体制を築くことを後押しすることになるでしょう。

## アメリカはヨーロッパから撤退する

アメリカがＮＡＴＯから離脱すると世界はカオスに陥るという専門家もいますが、私はそう思いません。

また、international order（国際秩序）がどう変わるか、とよく聞かれます。今そもそも国際秩序は存在しません。存在するのは international chaos（国際的なカオス）ですから、アメリカがＮＡＴＯから離脱してもカオスのままです。

いつかはわかりませんが、アメリカがヨーロッパから撤退することは間違いないでしょう。アメリカの大統領が「ヨーロッパはもはやアメリカの利益にならないから、ヨーロッパを排除する」と言うはずです。

それまでにヨーロッパがアメリカの軍事システムに依存しない軍隊統合をしていなければ、リアルな敵国や仮想敵国から自国を守る者が誰もいない状態になり、手遅れになることを理解しなければなりません。

アメリカは誰が大統領であっても孤立主義です。トランプ以前からそうで、オバマが大統領だったときもそうでした。

だから、ヨーロッパも日本も、アメリカに依存しないで、自国は自分たちで守るということを当然考えなければなりません。

## フランスはアメリカと戦争をしたことがない

アメリカは多くの国と戦争をし、フランスも多くの国と戦争をしてきましたが、アメリカとフランスは戦争をしたことがないのです。そういう意味では、この二カ国は非常に密接な関係を持っています。これほど密接な関係を持っていても、フランスは国防の点で、アメリカに依存しないで独立するべきです。

この考えは、別に新しい考えではありません。現在NATOの本部はブリュッセルにありますが、一九六七年にパリから移転したときにド・ゴールが言ったことなのです。彼は「フランスの存続のために、外国に依存すべきではない。フランスはいかなる外国の圧力に対しても従属すべきではない」というのが信条でした。

ですから、フランスはかねてからずっと国防面でヨーロッパのアメリカからの独立について、極めて神経質になっていたのです。

フランスは自国の核兵器産業をつくりました。私たちは核兵器や原子力潜水艦を維持するのに、アメリカに依存していません。そこはイギリスの軍隊とは異なります。

## 日本は核兵器を持つ

日本は「日米同盟があるから、攻撃されてもアメリカが守ってくれる」と一〇〇パーセント信用するのは甘いです。

第二次世界大戦中に、フィンランドがソ連に侵攻されたとき、アメリカは休戦を求めるだけで助けてくれませんでしたね。そのとき得たフィンランドの教訓は、「自分の国は自分で守る」ということです。

日本は一九八〇年代、ハーバード大学教授だったエズラ・ヴォーゲルが『ジャパン・アズ・ナンバーワン（Japan as Number One: Lessons for America）』で書いたように、世界のトップになりました。しかし、そのあとで多くの間違いを犯しました。そのなかでも最大の間違いのひとつは、防衛産業を発展させるのに十分努力をしなかったことです。

日本が戦争に対して感情的に拒否反応を示すのはわかりますが、国防をアメリカに依存していたため、世界のトップに立ち続けるチャンスを逃したのです。

今後もし日本が攻撃されたとき、アメリカが守ってくれなかったら、どうするのでしょう。

そのときになってから考えるのでは、もう手遅れです。

日本が核武装するべきか否かで、専門家の意見は分かれます。日本は核武装するしかないと私は考えていますし、いずれ日本はそうするでしょう。

## トランプは北朝鮮を助ける

北朝鮮はアメリカをだましながら核兵器を開発してきました。

クリントン政権が一九九四年に北朝鮮との間で締結した米朝枠組み合意は、北朝鮮に核開発プログラムを凍結させ、最終的に破棄させることが目的でした。しかし、実際には、北朝鮮は核開発プログラムを凍結することはなかったのです。あのとき、アメリカが北朝鮮にだまされず思惑を見抜いていれば、北朝鮮を破滅させることもできたはずです。

トランプは大統領一期目で北朝鮮と交渉しようとしましたが、大統領職に返り咲けば、また同じ過ちを犯すでしょう。トランプ自身が認識しているかどうかはわからないですが、北朝鮮が自由に核開発をするのを大いに助けています。

また、バイデンは北朝鮮について何もしませんでした。

ロシアも中国も北朝鮮の核開発を止めるために何もしてきませんでした。

北朝鮮が日本に対して行っている最近の挑発を一蹴してはいけません。北朝鮮がさらに核兵器を開発すると、いずれ日本を攻撃する可能性が出てきます。

## フランスにつけこもうとする中国

米大統領選でトランプか民主党の候補者かどちらが選ばれても、中国に対して厳しくなります。

中国の習近平国家主席は、五月にここフランスを訪問しました。

その真の狙いはフランスが中国の政策に対してどのように対応するかを探るためです。また将来フランスが中国とうまく行かなくなって中国と戦う状態になった場合、フランスがどれだけ強いかをみるためだと思われます。

トランプが再選されたら、フランスをはじめヨーロッパ諸国との関係は悪化するでしょう。そのときのためにフランスを中国に引き寄せようとする思惑もあるでしょうね。特にフランスはアメリカに対して批判的ですから、その立場につけこもうとしています。

ところが、習近平にとって一筋縄ではいかない国がフランスなのです。

ドイツは中国に多くの物を輸出しており、かなり中国に依存しています。つまり中国はドイツに対してleverage（影響力）を持っています。一方で、フランスに対してはドイツに対して持っているようなleverageを持っていません。

習近平はフランスに次いでセルビアを訪問しました。そこでブチッチ大統領と会談し、貿易や人的交流の拡大に向けて、いっそう関係を強化していくとした共同声明に署名しました。

また五月八日から三日間にわたり、ハンガリーを訪問しましたね。ハンガリー側は常に中国と相互尊重に基づく友好関係を維持してきたと強調し、過去二〇年間の両国間の経済関係の発展をたたえました。両国間の対外貿易額は過去一二年間で四倍に増加しています。また、中国は二〇二三年にハンガリーの最大の対内直接投資相手国でした。ハンガリーは中国の〝トロイの木馬〟で、ヨーロッパにおける中国のアンテナ国なのです。中国の機器の製造業としての一大拠点でもあります。

習近平は、トランプが復権したときのことを考えて、いまのうちに関係をさらに強化しています。

今回の訪欧は、中国の「もしトラ」対策と言ってもいいでしょう。その対策の一環として、いまやろうとしていることは、世界の他の国々をできるだけ中国に依存させることです。中国にはレアアース、ソーラーパネルなど多くのものがあり、それに依存させようとしています。

私たちは中国への依存を避けるべく、できる限りのことをしなければなりません。

## 孤立主義で保護貿易に

アメリカではTikTok（中国発の動画共有アプリ）について、一年以内にアメリカでの事業を売却しなければ国内から追放する法案にバイデンが署名をしました。TikTokは危険なドラッグなので、ヨーロッパからも追放するべきです。

また中国のＡＩ（人工知能）に対する影響についても、極めて用心深くならなければなりません。

中国が安価な自動車で、ヨーロッパの自動車産業を破壊していることも、大いなる危機です。ドイツは中国とパートナーを組んで中国で開発に取り組んでいますから、ヨーロッパが中国製自動車への関税を上げることは、ドイツの産業にペナルティを科すようなものです。しかし、私たちは自国の産業を守るために関税を高くするべきでしょう。

バイデン大統領は中国製のＥＶ（電気自動車）に対して、一〇〇パーセントの関税を課すと五月一四日に発表しました。これまでは二五パーセントでしたが、四倍の関税になります。これは選挙対策の一環と考えたほうが正しい。民主党が注力している激戦三州のうち、ミシガン州には自動車生産が集中していることやペンシルベニア州が鉄鋼生産の中心地であることへの配慮もあるのではないでしょうか。

一方のトランプは再選されたら、すべての中国製品に対して六〇パーセント超の追加関税を課す考えを示しています。

トランプでも民主党でも、アメリカは孤立主義の国で保護貿易主義になっていきます。

そして、もしトランプが返り咲けば、それは世界にとってdisaster（大惨事）になるでしょう。孤立主義だけならまだましですが、アメリカ国内での人権や民主主義を危機に晒し、司法制度を弱体化し、女性の権利を削《そ》ぎ、世界中の民主主義国に対するアメリカのサポートの予算を大幅に削減するからです。

## クーデターが起きてもおかしくない

司法制度を弱体化することによって、トランプ政権は独裁政治にさらに近づき、共和制のアメリカ合衆国は終焉を迎えるでしょう。

実際にトランプは一夜にしてクーデターを起こしたいと言っていますね。

トランプは良くも悪くも有言実行の人なので、彼が口にすることは要注意です。軽く一蹴してはなりません。大言壮語だけの場合もありますが、そこには表面上の意味の他に別の意味が隠されていることもあるのです。

アメリカは欧米諸国で、クーデターを経験しないで民主主義国家になった唯一の国です。

イギリスでさえも何世紀も前にクーデターを経験しています。ドイツ、フランス、イタリア、スペインすべてクーデターを経験しています。

アメリカでもそろそろクーデターが起きてもおかしくない時期かもしれません。

## 中国の野心

もし私がアメリカ人ならトランプに投票することはありません。トランプはさらにアメリカを分断し、格差のレベルを上げるからです。もちろん移民の流れを止めようとするでしょうが、うまくいかないでしょう。そうすると、国家の赤字はさらに大幅に増え、カタストロフィーのもとになります。

私がアメリカ人なら、バイデンに投票するつもりでした。

バイデン政権はバイデン一人で運営されているのではありません。バイデンの歩き方を見て、世界中の人がバイデンはよぼよぼと言っていますが、それは間違いです。バイデンは足を怪我して倒れたので、歩き方が慎重になっているだけです。多くの人はバイデンを耄碌《もうろく》していると判断し、認知機能にも問題があると言われていますが、実際に経済面、外交対策、議会との交渉を見ても、すばらしい仕事をしています。

バイデンを一人の人間としてみるのではなく、チームとしてバイデン政権をみれば、卓越したパフォーマンスを見せていました。

最後に日本に言いたいのは、“Japan should be prepared for war in Taiwan.”（台湾での戦争に備えよ）ということです。中国にとって、台湾は中国の一部なので、台湾への野心は持ち続けるでしょう。周辺環境を制御するために、朝鮮半島やベトナム、もしかしたら日本もコントロールしようとするかもしれません。

トランプが復権したら、アメリカが一〇〇パーセント日本を助けるという保証はなくなるのですから。

第７章

# 「アメリカ主導の世界」は完全に時代遅れだ

## ジェフリー・サックス

**Jeffrey Sachs**

経済学者、コロンビア大学持続可能な開発センター所長。1954年生まれ。地理的・歴史的背景を考慮して途上国経済開発の援助を行うべきとする「臨床経済学」を提唱。世界の複雑化する課題に対して、革新的かつ効果的な手法で取り組むことで知られており、国連持続可能な開発ソリューション・ネットワーク会長を務めるなど、世界に多大な影響を与えてきた。ブループラネット賞を2015年受賞、「タイム」誌「世界で最も影響力のある100人」に2004年・2005年の二度にわたり選出。

コロンビア大学のジェフリー・サックス教授は、開発途上国の経済を再建するために、「臨床経済学」を適用することで人類の平等を押し進め、極度の貧困の克服に貢献してきた。アメリカのニュース週刊誌「タイム」の「世界で最も影響力のある一〇〇人」に二度にわたって選ばれたこともある。

国際連合事務総長の特別顧問を務めているサックス氏は、アメリカ政治などについても活発に発言してきた。二〇二〇年には、当時のトランプ大統領を「全世界やアメリカ国民にとって、安定した人格を有していない危険な人物であり、アメリカ史上最悪の大統領となっている」とコメント。現在はウクライナ戦争などについても論じ、バイデンの外交政策は失敗であると断言している。

トランプ2・0で世界はどう変化するのか。「世界でもっとも重要な経済学者」と評されるサックス氏に聞いた。

## バイデンが核戦争のリスクを高めた

バイデン大統領の外交政策は、完全に失敗です。

ロシア・ウクライナ戦争を「民主主義対独裁主義の戦争」と見ているバイデンは、アメリカの覇権を信じ、アメリカは善で、中国やロシア、イランはすべて悪だと考えています。

これは、非常に単純な見方で、世界中で大きな危機につながっています。中国、ロシア、イランだけではなく、他の多くの国との対立を生んでいるのです。

バイデンの外交政策は、ますます世界を分断し、世界規模の戦争のリスクを高くしており、さらに核戦争に発展するリスクもある。

何の問題も解決していないのです。

バイデンは否定しますが、この戦争はNATO（北大西洋条約機構）が勢力をロシア国境まで拡大したことによって、誘発されたのです。

## トランプ外交は気まぐれで予測不可能

もしドナルド・トランプが二〇二〇年の大統領選挙で選ばれていたら、ウクライナ戦争が起きていなかっただろうという専門家は多いです。

しかし、トランプが大統領だったら、何が起きていたかを言うのは、非常に難しい。もともとトランプの外交政策は、気まぐれで予測不可能なものだからです。おそらく、これからもそうでしょう。

しかも、彼の外交政策は、そのときにどのアドバイザーが影響力を持っているかによっても左右されます。たとえば、ジョン・ボルトンが国家安全保障のアドバイザーであった二〇一八年から二〇一九年にかけて、トランプの外交政策は特に好戦的でした。

さらに重要なことは、アメリカの外交政策は、少なくともホワイトハウスによって決定されるのと同じレベルで、安全保障機構と軍産複合体によって決定されるということです。

トランプが大統領のとき、アメリカは何十億ドルもの兵器をウクライナに提供しました。そして、トランプ政権時代、ウクライナ政府はドンバス地域の分離独立に対して公然と戦争を仕掛けました。その間もNATOはウクライナへの拡張政策を続けていたのです。

また、トランプは中国やイランに対してもかなり好戦的です。ウクライナ戦争を終わらせる可能性は、大統領がトランプのほうが高いですが、アメリカの外交政策は全体として好戦的なままでしょう。

## 政治も外交も「取引主義」

トランプは、NATO加盟国が防衛費を十分に払わないのなら、もしロシアから攻撃を受けたとしても防衛しないで、「好き勝手に行えばよい」とロシアに伝えるだろうと警告したことを明かしています。

彼の性格は敵意に満ちており、政治や外交に対しても「取引主義」を取り入れています。常にビジネスの交渉をしていると思った方がいい。

したがって、トランプの言葉は文字通りに受け取るべきものではなく、大言壮語や、いばりちらし、見せしめや駆け引きであると思ったほうがいいでしょう。

トランプは選挙運動期間中、票を集めるためにいろいろなことを言っています。

もしトランプが大統領に返り咲けば、ウクライナ戦争をすぐに終わらせようとするでしょう。おそらく、アメリカはNATOの拡大を止め、ロシアが戦争を止めるという取引をプーチン大統領と結ぼうとするでしょう。

これこそ、バイデンが行うべき取引だったのに、彼はあまりにも頑固で、視野が狭く、見当違いをしているのです。

## 世界は外交を必要としている

トランプが再選されたら、アメリカはNATOから離脱するのではないかと考える人も多い。またトランプが大統領になったほうが、世界は安定すると考える人も一定数います。

私はそう思いませんが、次期大統領に民主党の候補者が選出されようが、トランプが選出されようが、いずれにしても今世界には新しい地政学的な秩序が必要であることは確かです。

「アメリカ主導の世界」という考えは完全に時代遅れで、非常に危険です。アメリカが世界を牛耳っていると考えることは常に傲慢でしたが、中国の台頭、ロシアの明らかな強さ、さらにブラジルやサウジアラビア、イランなど多くの地域大国が台頭している現在、特に見当違いです。

世界は外交を必要としているのです。

軍事ブロックや「民主主義国家」対「独裁主義国家」の対立が必要なのではありません。

日本は中国と良好な関係を築くべきであり、安定を維持するために米軍に依存すべきではないのです。アメリカの政策は不安定化を招いています。

## パレスチナに平和は訪れるのか

パレスチナのガザ地区でのイスラエル国防軍とハマスによる戦争が終わるのは、いつか。

パレスチナが国家として主権を持ち、国連加盟国になるまで、平和は訪れないでしょう。言い換えれば、パレスチナが東エルサレムに首都を置き、（第三次中東戦争前の）一九六七年までの停戦ラインが国境となり、アメリカとイスラエル以外のすべての国が「国連加盟国になるときが来た」と主張したときに戦争は終わるでしょう。

トランプは、バイデン以上に親イスラエルです。

つまり、ガザの平和は、世界中の国々がアメリカとイスラエルに「もう時間切れだ」と言うことにかかっています。パレスチナは国連加盟国として承認され、最終的には二国家解決策がとられなければならないのです。

## アメリカが中国を脅威にした

アメリカの国家安全保障当局は、中国を恐れており、それゆえに中国に対してケンカ腰に振る舞っています。その対中政策は、アメリカが世界的な優位性を失うのではないかという恐怖があるからです。この政策は、中国に対する無知に基づいています。

しかし、中国は脅威ではありません。

アメリカが中国を脅威にしたのです。

バイデン政権と同様、トランプ政権下では、アメリカの対中外交政策は非常に攻撃的なものになるでしょう。

中国、日本、韓国は平和的かつ調和的に協力し、北東アジアの繁栄と相互の安全保障を高めるべきです。これは三カ国を助けるだけでなく、世界全体を助けることにつながるはずです。

「ニューヨーク・タイムズ」や「ワシントン・ポスト」などアメリカの主流メディア

は、アメリカの国家安全保障当局のマウスピース、つまり代弁者です。

そのため、ウクライナでの戦争、ＮＡＴＯの拡大、アメリカの中国に対する攻撃的な政策を一〇〇パーセント支持しています。

日々、この主流メディアが多くの無知を蔓延させているのです。

## どちらが勝ってもアメリカは危機に

トランプは貿易不均衡を嫌います。そのため、トランプがＦＲＢ（連邦準備制度理事会）から独立性を剝奪し、ドルを操作するかもしれないという懸念の声があがっています。

でも、トランプが金融政策でできることには限界があるので、財政政策でコントロールすることになるでしょう。おそらく、さらなる減税を推し進め、財政赤字を増大させ、社会支出を削減しようとすると思われます。

このようなやりかたは、アメリカの政治的、財政的、金融的な危機を引き起こす可能性もあります。

また、彼は再選したら「報復する」と言っていますが、おそらく司法制度を乱用して、政敵を懲らしめようと考えるはずです。

さらに自分の権力と政敵に対する支配力を強化するために、FBIやCIAなど、いわゆる「ディープ・ステート（闇の政府）」と呼んでいる機関を利用しようとするでしょう。

では、もし、民主党が勝利したら、どうなるのか。

歴史学者で、私の同僚であるコロンビア大学教授のアダム・トゥーズ氏は、六月下旬の世界経済フォーラム（WEF）主催の会議で、こう述べていました。

「政治的観点から見て、より危険なシナリオはバイデンが勝利することだ」

民主党の勝利がもたらす不確実性は、共和党が二度目のトランプ敗北にどう反応するかという点に起因する、とトゥーズ氏は説明しています。それを市場は安定性に欠ける結末とみなす可能性があるとも言っています。

私も同感です。

民主党が勝ったとしても、アメリカの深い党派対立は、市場に不確実性をもたらす恐れがあり、共和党がさらに反発する可能性があるのです。

## トランプ化したバイデン

バイデンは不法移民政策をころころ変えています。

バイデンの緩和策で膨大な人数の不法移民が流入してきました。

しかし、二〇二四年の六月四日、南部国境からの不法越境者が一定数を超えた場合、事実上の「国境閉鎖」を可能とする大統領令を出しました。

大統領選を見据え厳しい対応に転換したわけですが、これは「トランプ化」と批判されても仕方ありませんでした。

他にも中国から輸入されたＥＶ（電気自動車）に課す関税を二五パーセントから、四倍の一〇〇パーセントにまで引き上げると宣言しました。これも明らかに大統領選を見据えたトランプ化だったわけです。

バイデンの言うことが合理的でないのは、トランプを非難しながら、自分の政策がどんどんトランプ化していることです。バイデンの方がいささかやぶれかぶれになって、近視眼的になっていました。

## 日本よ、アメリカの罠にはまるな

私は日本にこうアドバイスしたい。

日本は、安全保障をアメリカだけに依存してはいけません。

中国とは平和で調和のとれた関係を築き、韓国とも強固な関係を築き、米中対立を激化させることなく、ＡＳＥＡＮ（東南アジア諸国連合）を含む東アジアの繁栄を確保することが重要です。

アメリカは覇権を維持しようとするため、今後数年間、アメリカの外交政策は不安定で危険なものになる可能性が高い。

これは、トランプであろうと、民主党であろうと同じです。

世界の他の国々は、国連憲章のもと、賢明かつ平和的に、多国間で行動すべきなのです。

世界を「アメリカ」と、もう一方は「中国、ロシア、イラン」で分断する――。

そんな〝アメリカの罠〟に、はまるべきではありません。

そのような分断された世界は実に危険であり、すでに非常に危険な状態になっているのです。

第8章

# 「世界秩序」が終焉する

## ユヴァル・ノア・ハラリ

Yuval Noah Harari
イスラエルの歴史学者、哲学者。1976年生まれ。オックスフォード大学で中世史、軍事史を専攻し、2002年に博士号取得。現在、エルサレムのヘブライ大学教授。ホモ・サピエンスの歴史を概説した『サピエンス全史　文明の構造と人類の幸福』は、2014年の英語版刊行後、世界中でベストセラーとなった。その他の著書に『ホモ・デウス　テクノロジーとサピエンスの未来』『21 Lessons　21世紀の人類のための21の思考』など。

イスラエルのヘブライ大学で歴史学を教えるユヴァル・ノア・ハラリ教授は、『サピエンス全史』（邦訳は河出書房新社）で、世界中から注目された。

他の種も多くいた原始人類のなかで、なぜ、ひ弱なホモ・サピエンスだけが生き残り、今日のような繁栄を築けたのか。それはホモ・サピエンスだけが「虚構を信じる」という特殊な能力を持っていたからだ――という視点で壮大な人類史を読み解いていった。

さらに、人類の未来を描いた『ホモ・デウス』、現在の人類が直面しているテーマを論じた『21 Lessons』も世界でベストセラーになった。

歴史学、生物学など文理の壁を超えた博識を誇り、「世界でもっとも影響力のある知識人」とも称されているハラリ氏。

これからの世界がどう変わっていくのかを語ってもらった。

## 警告に聞く耳を持たなかったネタニヤフ

人類の生存を脅かす脅威は、三つあります。

ひとつめは、生態系の破壊。

次に、ＡＩ（人工知能）のようなテクノロジーによる破壊。

そして三つめが、世界的規模の戦争です。

私はイスラエル人なので、まず昨年（二〇二三年）一〇月七日のハマスによるイスラエルへの奇襲攻撃についてお話ししたいと考えています。

奇襲攻撃の何カ月も前から、シークレットサービスや軍隊、シンベト（モサドと並ぶイスラエルの情報機関のひとつで、主に国内の防諜活動を行う）は、ネタニヤフ首相に、こう警告を発してきました。

「イスラエルはかなり危険な状態にある。ハマスやレバノンのヒズボラという外的脅威に注意の矛先を移さなければならない」

しかし、我々が極めて危険な状態にあることをどれほど言っても、ネタニヤフ首相は聞く耳を持たなかったのです。イスラエル国防軍の参謀総長が、政府の政策が及ぼす治安上の影響について警告するため会見を求めたのに、ネタニヤフは会うことを拒否しました。さらにヨアヴ・ガラント国防相が警鐘を鳴らすと、ネタニヤフは更迭を決めたのです（その後、市民の反対を受け、更迭を撤回）。

なぜネタニヤフや側近たちは、聞く耳を持たなかったのか。

その理由は、ＩＤＦ（イスラエル国防軍）やシンベトのトップは、反イスラエルの「ディープ・ステート（闇の政府）」の売国奴であるという思い込みを持っているからです。彼らは公の場でもそう言っています。

二〇二二年一二月に樹立したネタニヤフによる連立政権は、救世主メシア信仰の狂信者たちと厚顔無恥な日和見主義者たちの同盟です。彼らは、ハマスやヒズボラと戦うことよりも、司法制度改革を優先して、権力を我が物にすることしか考えていなかったため、ハマスによる奇襲攻撃を防げなかったのです。

## 最悪のナショナリズムとは

ナショナリズムには、良いナショナリズムと悪いナショナリズムがあります。最良の形のナショナリズムは、我々の国の独自性を認めるものであり、我々の伝統などをさらに発展させるものです。

一方、最悪の形のナショナリズムは「我々は単にユニークであるだけではなく、誰よりも優れている」という優越感に陥ります。

いまイスラエルに蔓延しているのは、まさにこのユダヤ人の優越感です。その優越感が政権にも蔓延しています。イスラエルには基本的に三つの階級があり、トップに位置するのがユダヤ人で、すべての権利を有しています。この思想が、ネタニヤフ政権の中心的な、救世主メシア信仰のユダヤ人至上主義思想なのです。この思想を我々が止めようとしても失敗して、彼らがその実現に成功してしまえば、世界中のユダヤ教の意味そのものを変えてしまいます。

また現在、パレスチナ人とイスラエル人の権利をどうやって調和させるかが問題になっています。

私はパレスチナ人が自国で尊厳のある生活をする権利を持つことに賛同しますが、同時にイスラエル人が自国で尊厳のある生活をする権利を持つことにも賛同します。二つの立場を同時に持っても問題ないのです。

いわゆる二国家解決ですが、論理矛盾はありません。

イスラエルを守ることに賛同するからと言って、パレスチナ人のひどい苦悩を無視してもいいということにはなりません。パレスチナ人の権利に賛同するからと言って、イスラエルを完全に破壊することに賛同しなければならないということにはなりません。

## 第三次世界大戦の始まりか？

現在、地政学的にみてもっとも重要な戦争は、ロシア・ウクライナ戦争です。

ドナルド・トランプは自分が大統領になったら、すぐに戦争を終わらせると言っていますが、それはウラジーミル・プーチンが勝つ終わらせ方です。

私は断言します。

もしロシアの勝利が許されるなら、過去数十年にもわたって、私たちが理解していた「世界秩序」が決定的に崩れ去り、平和と繁栄の時代が終わることになります。いまプーチンがやろうとしていることは、歴史的に見れば、かつてのローマ帝国やオスマン帝国、あるいは帝国主義とまさに同じです。

現在の国際社会の基本的なルールは、単に自国のほうが強いからといって、いかなる国も隣国を侵略し、併合することはできないということです。

ところが、ロシアが勝てば、プーチンのやり方が「ニューノーマル」になるのではないかという恐怖が世界中に広がっています。そして、世界中で軍事費が急増し、軍事同盟ができるという悪循環が起きています。

さらに、軍事費が増えることで、教育費やヘルスケアなどにあてられる予算が減少することになり、社会福祉などが最低水準へと向かう「底辺への競争（Race to the bottom)」が起きるのです。

私たちは歴史的事件を後知恵で初めて理解します。

第二次世界大戦が起きたのは、ドイツがポーランドに侵攻した一九三九年九月一日であるというのは、あとになってから振り返ってそう理解するのです。

つまり、いまはまだわからないですが、ロシアがウクライナに軍事侵攻した二〇二二年二月二四日は、あとから振り返れば、第三次世界大戦の始まりになるかもしれません。

## トランプ支持のMAGAは革命派の発想

戦争が起きると国の結束が強まるはずですが、現在の状態はその逆です。ヨーロッパでもアメリカでも結束が強くなっていません。それどころかアメリカではますます分断が進んでいます。

私は政治力学の専門家ではないので、なぜそうなっているかはわかりません。私は細かいことになると答えられないとよく批判されますが、起きている現象について、考えを述べることはできます。

本来の保守派の考えは制度を守ることですが、いま世界中で起きているのはその逆です。

保守派が制度を破壊しようとしているのです。二〇二一年一月六日にアメリカ合衆国議会議事堂を襲撃したのは、保守派の連中でした。つまり、保守派がどんどん過激化しています。

MAGA（メイク・アメリカ・グレート・アゲイン。アメリカ合衆国を再び偉大な国にする）というスローガンを、トランプは掲げています。トランプを支持するMAGAの多くの人々が「あなた方はグローバリゼーションを支持し、中流階級を空洞化し、移民をどんどん入れた。そうすると自分たちは一体何者かわからなくなる」と言っているのです。

保守派の人は、いまあるいろいろな制度は自分たちの価値観を反映していないと考え、過激になるのです。

アメリカの制度のほとんどは機能していないから、破壊して一から始めなければならない。こういう発想は、保守派のものではありません。革命派の発想です。

## 人類絶滅は時間の問題

人類の生存を脅かす脅威は三つある。最初にそうお話ししました。

ひとつめの生態系の破壊はすでに起きており、毎年、何千という種が絶滅しています。人類の文明が絶滅の危機に入る閾値を超えるまで、それほど時間はかからないかもしれません。

二番目のＡＩの脅威は、一〇年前はＳＦのシナリオでしかありませんでしたが、ＡＩの急速な発展によって、人類のコントロールを超えて、いつか人類を奴隷にするか、壊滅させる可能性があるということです。

アメーバから恐竜の時代が来るまで何十億年もかかりましたが、それになぞらえると現在のＡＩはアメーバの位置にあたるのかもしれません。ただ、ＡＩは有機体ではないので、緩やかなプロセスではなく、有機体の進化の何百万倍もの速度で進化します。ですから人類がＡＩの奴隷になるか、絶滅させられるかは、時間の問題かもしれません。

そして、三番目の世界的規模の戦争について。先ほども言いましたが、何年も経って歴史家が振り返ったとき、二〇二二年二月二四日に第三次世界大戦が始まったと書くかもしれないのです。

## なぜ第三次世界大戦が起きなかったのか

では、ロシア・ウクライナ戦争を世界的規模の戦争に発展しないようにするには、どうしたらいいのでしょうか。

第二次世界大戦後、世界的な規模の戦争が避けられたのは、核兵器があったからこそだと思っています。

しかし、民主主義国家の同盟が強化されればされるほど、権威主義国同士の同盟が進めば進むほど、世界的な規模での戦争のリスクは増していきます。

つまり、抑止力の一環だった核兵器が実際の戦闘で使われる可能性が出てくるわけです。もし世界的戦争が起これば、人類の文明が直接破壊される可能性が高くなります。

私が考えるウクライナ戦争の終結方法は、ヨーロッパやアメリカが戦争にもっとコミットして、ロシアが勝利を諦める段階に来たときに初めて真剣な和平交渉を行うということです。

欧米がウクライナに提供できるリソースは十分にあります。ロシアのGDPはイタリアよりも小さく、オランダとベルギーを合計した額と同じくらいです。アメリカとヨーロッパのGDPを合わせると、ロシアの二〇倍以上あります。

## 「ジャングル」は近くにあった

かつて人類にとって、戦争は起こるのが当然で、平和は一時的なもので、いつ崩れてもおかしくない状態でした。国際関係は「law of the jungle（ジャングルの法則。自然界における弱肉強食の法則）」が支配していました。

しかし、二〇世紀後半になって、戦争は稀になりました。

そして、多くの人が、戦争は考えられないものと考えるようになったのです。

ところが、プーチンは、私たちが抜け出したと思い込んでいた「ジャングル」が、すぐ近くにあることを思い起こさせました。

この戦争はロシアの近隣国だけに害が及ぶように見えますが、その余波は世界中に及び、各国で予算に占める軍事費の割合が急上昇し始めています。

ウクライナ戦争だけが異常な事象なのか、あるいは普遍的な人類の標準的な事象であるのか。

もし標準的であるとすれば、たとえもしウクライナが勝ったとしても、これから間違いなく同じような戦争が何回も起きるでしょう。

そうなると「ジャングルの法則」が再び幅を利かし、人類は亡びるでしょう。もし熱帯雨林で菌類や植物、動物など有機体が覇権を争って、共生を捨てれば、熱帯雨林は亡びるように。

## 弱肉強食の世界に

人類の歴史を振り返ると、ローマ帝国など、どの帝国も軍事費は国家予算の半分以上でした。イギリスの軍事費は、第一次世界大戦当時は国家予算の半分くらいでしたが、第二次世界大戦では七〇パーセントに達しました。二一世紀の初期では国家予算の七パーセントくらいで、ヘルスケアに対する予算は一〇パーセント。現在では世界中でヘルスケアに対する予算の方が軍事予算よりも大きいのは、人間がより良い選択を意図的に行なってきた結果です。

ロシアの軍事費は国家予算の三〇パーセントになっています。いまプーチンを止めなければ、破壊的な自己成就予言（たとえ根拠のない思い込みであっても、思い込んでいるうちに本当にそうなってしまうこと）になり、最後に残るのは弱肉強食の世界になってしまいます。

## 戦争も平和も人類が選択できる

私は、歴史上の出来事はさまざまな事前の力によって決定や制約がされているという「歴史決定論」を信じません。

戦争にせよ平和にせよ、それが不可避のものであるとは信じません。少なくともAIに乗っ取られる前の何年間かは、戦争も平和も、人類が選択できることなのです。私たちは戦争を選ぶ必要はありません。

戦争というのは、人類が作り出した神話的なナラティブ（物語）をめぐって起きるのです。

パレスチナ人もイスラエル人も、食料や領土をめぐって戦争をしているわけではありません。彼らは想像上のストーリーをめぐって戦っているのです。地中海とヨルダン川の間には誰もが食べるのに十分な食料があり、家や学校や病院を建設するのに十分な土地があります。ですから、彼らは領土や食料を求めて戦争しているのではありません。

イスラム教徒は岩のドーム（Dome of the Rock）の下にある「聖なる岩」（Holy Rock）が世界で最も聖なるものであると信じています。これも想像上のことです。この「聖なる岩」を所有する権利を神から与えられていると信じています。

## 三つの物語が二〇世紀を動かした

私は歴史家の立場から、人間の思考を形成し、二〇世紀の歴史を動かすエンジンとなったのは、おもに三つの壮大な物語だと考えています。

それは、ファシズム、コミュニズム（共産主義）、そしてリベラリズム（自由主義）です。

リベラリズム以外の二つは「戦争は不可避である」とみています。

ファシズムは、国家間や人種間の対立という視座から歴史をみています。また、ひとつの集団が、他のあらゆる集団を力ずくで征服して支配する世界を思い描いていたのです。だから、「対立は不可避であって、止めることはできない。一つの国家が全世界を征服すれば、そのときになって対立は終わる」と考えていました。

コミュニズムも同じような主張です。「歴史というのは対立を避けられない。国家間の対立だけではない。国家間の対立はカモフラージュであって、実際は階級間、抑圧する側とされる側の対立である」と考えます。たとえ、自由が犠牲になっても、中央集権化された社会制度のもとで平等が確保され、あらゆる集団が統一される世界を思い描いていたのです。そして、「平和がやってくるのは、一つの階級が残ったときだけだ」といいます。

しかし、三番目のリベラリズムは、「世界は対立ではない」という考え方です。どの国でも階級でも、共通の経験がある。そこへ目を向けると、対立の歴史ではなく、協力の歴史が形成されるという考えです。

もしかりに火星人がやってきたら、地球全体がその侵入に対して結束するでしょう。今私たちが直面している脅威を火星人と考えればいいかもしれませんね。AIはartificial intelligenceの略ですが、私はalien intelligence（エイリアンの知能）と言った方がはるかに正確だと思います。あるいはalien invasion（エイリアンの侵略）の略語であるとも言えます。

## 歴史のエンジンは予測不可能で不合理

かつて政治学者のフランシス・フクヤマ氏は『歴史の終わり』（邦訳は三笠書房）という著書のなかで、民主主義が勝利し、安定した世界が形成されて、戦争や対立は生じなくなると主張しました。

ところが、実際はそうなっていません。世界はますます不安定化し、戦争が起きているのは事実です。なぜ、今それが起きているのか。

そう質問されることがよくありますが、私は歴史を因果関係で見る派ではないので、答えられません。なぜファシズムが一九三〇年代に台頭したのか、今でも私にはわかりません。

歴史的な出来事のほとんどは、客観的な物質的条件によって引き起こされるのではなく、私たちの想像上の物語によって引き起こされるからです。物語そのものはパワフルな歴史のエンジンであり、予測不可能なもので、ときには不合理なものです。

## AIの発達と専制国家

少なくとも今言えるのは、AIやテクノロジーが発達すればするほど、専制国家に都合がいいということです。国民の監視もパノプティコン（一望監視施設）的にできるからです。

実際、トランプが大統領になった場合、アメリカがテクノロジーを駆使した専制国家になるとは思いませんが、今よりもはるかに独裁的になることは間違いないでしょう。

私が最も懸念するのは、結婚制度を初めとした各種制度を破壊したり、悪用しようとすることです。

その最たるものは司法制度の悪用です。

トランプは大統領の権限を悪用して、自分のアジェンダ（計画）に反対する人を片っ端から訴えるかもしれません。

バイデンは大統領に就任したとき結束（unity）を掲げましたが、実際はその逆のことが起きて分断が深まっています。

だから、失望した有権者は、トランプに票を入れる可能性が高いでしょう。

# おわりに

トランプが米大統領に選出されると世界はどうなるか。多角的に行ったインタビューをまとめたのが本書である。

日本での報道をみるとあたかもトランプはまったく大統領にふさわしくないと思われがちであるが、トランプ政権時代はウクライナやガザでの戦争は起きていない。元外交官の佐藤優氏のように、トランプが再選されたほうが世界は安定すると考えている人は少なくない。

第7章に登場するコロンビア大学教授のジェフリー・サックス氏も「バイデン大統領の外交政策は、完全に失敗」だという。さらにロシア・ウクライナ戦争を「民主主義対独裁主義の戦争」と見ているバイデンはアメリカの覇権を信じ、アメリカは善で中国やロシア、イランはすべて悪だと考えているが、これは単純な見方であると一蹴している。バイデンの外交政策はますます世界を分断し、世界規模の戦争のリスクを高くしており、核戦争に発展するリスクもあると言うのだ。

## 民主主義は危機に晒されるか

トランプが大統領になると、アメリカは権威主義になると主張する人は多い。

第2章に登場するポール・ダンス氏が総責任者を務める「プロジェクト二〇二五」は、トランプ政権への移行をスムーズに行うための構想だが、独裁主義への道につながると非難する専門家も多い。トランプ自身はこのプロジェクトから距離を置いているようだが、実際に大統領に選出されるとこの構想が有用だと証明されるだろう。

大統領の権限は巨大であると思っている人は多いが、大統領は法案提出権を持っていないので、公約で提唱した政策を思ったほど実現できない。アメリカの大統領が持つ権限は日本の首相と比べると弱いと言っても過言ではないのだ。バイデンが大統領に就任したとき、トランプがやってきたことを大統領令によって取り消したことは記憶に新しい。また、大統領令も絶対的なものではなく、連邦最高裁判所によって効力が否定されることもある。オバマが出したDAPAという大統領令（アメリカ市民と永住者の子供を持つ不法移民向け強制送還延期プログラム）も、バイデン政権の「学生ローン返済免除政策」も、最高裁は違法判決を下している。

さてトランプが返り咲いたら、果たして独裁主義になるのか。第5章に登場する元大統領補佐官のジョン・ボルトン氏は「彼は独裁者になれるほど利口ではない」とし「アメリカの憲法も制度も強靭」であると言う。

## トランプに吹く追い風

アメリカの主流メディアはもともと民主党寄りで、トランプがいかに大統領にふさわしくないかについて散々書き続けてきた。ところが、六月二七日にバイデンとトランプによるテレビ討論会が行われた後、主流メディアのどれもがバイデンを擁護せず、一斉に「バイデン時代の終焉」というトーンに変わったのである。

また、連邦最高裁は七月一日、トランプが二〇二〇年の大統領選の敗北を覆そうとした罪で起訴されている裁判を巡り、在職中の公的な行為について「免責特権」を認める判断を下した。ただし、私的な行為については、免責特権は適用されないとし、トランプの行為の免責が適用される範囲を審理するよう下級審に差し戻した。

リベラル派の判事三人はこの判断に強く反対し、「私たちの民主主義への深い懸念」を表明した。ソニア・ソトマイヨール判事は「今や大統領は法の上に立つ王となった」と怒りを隠せない。一方、ジョン・ロバーツ最高裁長官は「大統領は非公式な行為に対して免責を享受することはなく、大統領のすることすべてが公式なわけでもない。大統領は法の上にいるわけではない」と説明している。

さらにフロリダ州の連邦地裁は一五日、トランプが退任時に政府の機密文書を不法に持ち出したとされる事件の裁判で、特別検察官を任命した手続きが憲法違反であると判断し、検察側の起訴を棄却した。棄却されたのはトランプが抱える四つの事件の一つで、不倫の口止め料を不正に処理したとされる事件の裁判では、五月に有罪の評決を受けたが、トランプ側が無効を申し立て、これも恐らく評決が無効になる可能性がすこぶる高い。最高裁の免責特権の判断にせよ、機密文書持ち出しに対する起訴棄却にせよ、一連の流れは明らかにトランプに追い風になるだろう。

そして、トランプは、現地時間で七月一三日に東部ペンシルベニア州バトラーで行われた選挙集会の演説中に銃撃を受けた。

この暗殺未遂事件が、大統領選の雌雄を決する激戦州の中で最も重要なペンシルベニア州で起きたことは、今後の選挙戦に甚大な影響を与えるだろう。トランプに有利に働くと思うが、いつものことながら選挙前に何が起こるかわからない。

そして一五日、トランプは中西部ウィスコンシン州ミルウォーキーで開幕した共和党大会で正式に大統領候補として指名され、副大統領候補としてJ・D・ヴァンス上院議員（オハイオ州）を選んだ。ヴァンス氏の自伝『ヒルビリー・エレジー』（邦訳は光文社）は二〇一六年と二〇一七年の二年間にわたって「ニューヨーク・タイムズ」のベストセラーランキング入りを果たしている。さらに興味深いのは、ヴァンス氏がかつてトランプをアメリカのヒトラー呼ばわりしたことだ。

実は第5章に登場するジョン・ボルトン氏にインタビューするべくワシントンDC

に飛んだとき、ヴァンス氏のDCの自宅にも足を運んだ。あいにく留守だったが、トランプはヴァンス氏を副大統領に選ぶだろうという確信に近いものがあった。

バイデンはついに自ら民主党候補からの撤退の意思を表明し、カマラ・ハリス副大統領にバトンを渡した。彼女の政策はバイデンとほとんど変わらないだろうが、実績がほとんどなく、未知数な部分が大きい。ハリスは二〇二〇年の大統領選に向けた民主党の候補者指名争いでは資金不足を理由に撤退しているので、今回、普通の選出プロセスを経ていれば生き残っていなかったかもしれない。

トランプが返り咲いたとき世界はどう変わるか。それに備えるためのヒントが本書に詰まっていると自信を持って言いたい。

二〇二四年七月

大野和基

**大野和基**（おおの　かずもと）

1955年、兵庫県生まれ。大阪府立北野高校、東京外国語大学英米語学科卒業。1979〜1997年、米国滞在。コーネル大学で化学、ニューヨーク医科大学で基礎医学を学ぶ。その後、ジャーナリストとして活動開始。国際情勢から医療問題、経済まで幅広い分野を取材、執筆。帰国後もアメリカと日本を行き来して活動中。著書に『私の半分はどこから来たのか』、編著書に『コロナ後の世界』『民主主義の危機』など。

**文春新書**

1465

アメリカの罠《わな》　トランプ2.0の衝撃《しょうげき》

2024年8月20日　第1刷発行

| | |
|---|---|
| 編　者 | 大野和基 |
| 発行者 | 大松芳男 |
| 発行所 | 株式会社 文藝春秋 |

〒102-8008　東京都千代田区紀尾井町3-23
電話（03）3265-1211（代表）

| | |
|---|---|
| 印刷所 | 理想社 |
| 付物印刷 | 大日本印刷 |
| 製本所 | 大口製本 |

定価はカバーに表示してあります。
万一、落丁・乱丁の場合は小社製作部宛お送り下さい。
送料小社負担でお取替え致します。



ISBN978-4-16-661465-3